2300人以上を合格に導いた
面接指導のカリスマが教える!

公務員採用試験

面接試験 攻略法

改訂版

シグマ・ライセンス・スクール浜松 校長
鈴木俊士監修

JN079380

つちや書店

はじめに

● 公務員とはこんな仕事。だからこんな人が求められる

　公務員とは社会全体に奉仕するのが仕事であり、一般の企業とは違い、利益の追求が目的ではありません。人々の生活を支え、より良い暮らしのために社会の仕組みやルールを整理するのが仕事です。そのため、責任感があり、計画性や行動力のある人材が求められます。また、住民の声を幅広く聞くことのできる情報収集力にも長けている必要があります。つまり、住民や地域のことを強く思える人物が、公務員として求められているのです。だからこそ、公務員に対する熱意を面接で伝えられたのならば、面接官はその声をしっかりと受け止めてくれます。

● 公務員面接はこんな面接

　公務員採用試験では面接重視の傾向にあります。筆記試験では計り得ない、「あなた」のことを見たいのです。公務員採用試験では個人面接、集団面接、集団討論と複数の面接形式がありますが、基本的には「その人がどういう人なのか」を見るのが目的です。どれだけ公務員の仕事について知識があるか、どれだけ意気込みがあるかはもちろん、あなたの話し方や仕草もきちんと見ています。いろいろな評価項目がありますが、やはり一番大事なのは「公務員になりたい。住民や地域のために働きたい」という意志を存分にアピールすることです。

● 公務員面接に受かる人の特徴

❶ 公務員に対する熱意がある。その熱意が伝えられる人

❷ 身だしなみやあいさつなど、社会人としての基本ができる人

❸ 元気な受け応えができる人

　公務員に本気でなりたい人は、面接でのやりとりの中で自然とそれが面接官に伝わるものです。たとえば、志望動機も確かなものがあるでしょうし、熱意があれば自己PRのための自己分析にも大した抵抗はないでしょう。また、身だしなみを整え、あいさつなどをきちんとすることは、当然のようにできていなくてはなりません。面接では「社会人としての適性」も見られているからです。そして、面接官が話を聞いていて気持ちいいと思えるような元気があれば、同僚として迎えたいという気持ちもわいてくるものなのです。

● 公務員面接に受からない人の特徴

❶ 志望動機や自己PRの内容が薄い

❷ 身だしなみや言葉づかいが雑。その場に適した対応ができない

❸ 面接官と目を合わせず、話し方が暗い

　志望動機をはじめ、質問に対する回答の内容が薄い場合は、その場しのぎの回答なのだろうと、面接官はその回答に耳を傾けてくれません。あるいは、もっと内容を知ろうとして重ねて質問を繰り返してくるでしょう。そこでさらにでっち上げの回答を続けていたら、ボロが出て、呆れられてしまいます。また、身だしなみやあいさつがきちんとできていない人は、やはり、一緒に働く仲間としては不安になってしまいます。熱意のある受験生を見ている面接官としては、ボソボソとうつむきがちな受験生からはいい印象は抱けないのです。

● 受験生はみんなこんなことに困っている

　採用試験に臨むのが初めて、という人は少なくないでしょう。面接自体が初めてという人は、未知のことに臨む不安もあることでしょう。面接試験について事前に調べておくことは重要です。また、受験生の困っていることでよく聞くのは「いい回答の仕方がわからない、うまく回答できない」というものです。面接は自己アピールの場ですから、面接官にはいい印象を抱いてもらいたいものです。かといってウソをついて自分を大きく見せるのは間違いです。どこかの模範回答を丸々真似するのも間違いです。いい回答とは、あなた自身の言葉で、あなたのアピールポイントを説得力ある形で伝えられる、そんな回答なのです。

● 面接練習の重要性

　公務員になれるかどうかが決まる面接。緊張したり、不安を感じてしまうのは仕方がありませんが、やはり本番では自信を持って発言をしていきたいもの。緊張や不安を取り除くためには練習が重要です。何度も練習することで、自信が持てるようになれば自然と話し方や態度にも出てきます。それが面接官の好印象へとつながるのです。友人同士での面接練習はもちろんのこと、自分一人でいるときにもシミュレーションしてみてください。

●面接官の立場になって考えよう

　面接官がどんなことを受験生に求めているのか、一度面接官の立場になって考えてみるとイメージしやすいです。自分の仕事に知識も興味もなく、態度が悪く元気もない。そういった人をあなたは採用したいと思うでしょうか。また、明らかなつくり話と思って、その真偽を確かめるために、何度も質問を繰り返し、次第に話に矛盾がたくさん見つかってしまったら、あなたはどう感じるのでしょうか。

　面接官の立場になって考えてみると、自然とどういう人が採用されるのか見えてきます。話に説得力があり、そして何より「公務員になりたい！」という熱意が伝わってきたのなら、面接官はその人に惹かれます。最初から何か特別な資格や技量が求められているわけではありません。それよりも、面接官はあなたの熱意や可能性を見たいのであり、それを見ることができるのが、面接の場なのです。

　筆記試験と違って面接試験の質疑応答では一見、答えがないように思われます。一つの確固たる正解があるわけではないので、確かにそうなのかもしれません。それでも答えはあなた自身の中にあります。本書はその答えを面接で表現できるような、自分の回答をつくる方法も紹介しています。ぜひ本書を活用し、合格を勝ち取ってください。そして公務員となり、人のため、地域のために活躍して、あなたが今、理想としている公務員になってください。あなたの目標達成の、その一助となれば幸いです。

本書の使い方

STEP 1 面接突破に欠かせない心構えと練習法を知る！

面接に対する素朴な疑問をクリアにします。

➡ **Prologue** 公務員面接のギモン

STEP 2 面接準備に必要なことを知る！

面接日当日までにどのような準備が必要かわかります。

➡ **Chapter 1** 面接当日までにすること

STEP 3 面接の基礎力を身につける！

公務員面接の形式や面接マナーなどの基本情報をまとめています。

➡ **Chapter 2** 公務員面接の基礎知識

STEP 4 自分だけの回答をつくる！

自分自身の言葉でつくる、自分だけの回答のつくり方を紹介します。

➡ **Chapter 3** 自分の答えをつくる方法

STEP 5 面接質問に対して、ベストな回答をつくろう！

面接質問に対する回答例と回答のポイントについて解説します。

➡ **Chapter 4~6** 自分の言葉でつくるベスト回答

STEP 6 集団試験の突破力を身につける！

集団面接と集団討論の攻略ポイントをまとめています。

➡ **Chapter 7** 集団面接・集団討論を突破する！

STEP 7 合格に近づく面接カードをつくる

面接カードを記入するときの実践テクニックと、記入後のポイントを紹介します。

➡ **Chapter 8** 魅力的な面接カードの書き方

STEP 8 過去質問を面接練習に役立てる

➡ **Chapter 9** 自己分析質問集・よく出る過去質問集

■ 本書は、公務員採用試験の面接対策を紹介し、面接に関する基礎知識はもちろん、自分の回答のつくり方と面接でよく聞かれる質問、集団討論の攻略法、面接カードの書き方など、実践的な内容を盛り込んでいます。
■ どのページからでも読みすすめることができますが、下の流れに沿って読みすすめると面接突破に必要な知識や考え方が体系的に身につきます。

回答例ページの見方（Chapter4~6）

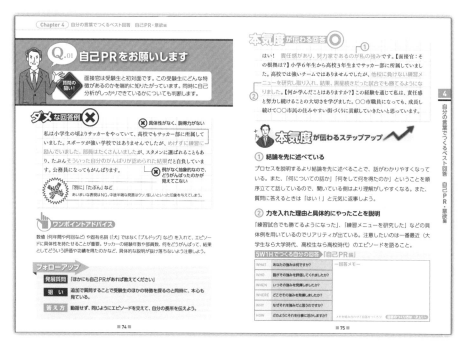

1 「面接官からの質問」

面接官から投げかけられる質問。よく聞かれるものを厳選している。

2 「ダメな回答例」

ありがちな回答失敗例。

3 「ワンポイントアドバイス」

「ダメな回答例」から「本気度が伝わる回答」にするための秘訣を解説している。

4 「本気度が伝わる回答」

合格レベルの回答例。ダメな回答を手直ししたものになっている。

5 「本気度が伝わるステップアップ」

「本気度が伝わる回答」が優れている点を解説。

6 自分の回答をつくる「5W1H」

「面接官からの質問」に対して、あなたの5W1Hのメモを書く欄になる。P.61～を参照して回答をつくってみよう。

CONTENTS

Prologue　公務員面接のギモン

Chapter 1　面接当日までにすること

Chapter 2　公務員面接の基礎知識

Chapter 3　自分の答えをつくる方法

Chapter 4　自分の言葉でつくるベスト回答 自己PR・意欲編

Chapter 5　自分の言葉でつくるベスト回答 志望動機編

CONTENTS

Chapter 6 自分の言葉でつくるベスト回答 時事・性格質問編

Chapter 7 集団面接・集団討論を突破する！

Chapter 8 魅力的な面接カードの書き方

Chapter 9 自己分析質問集・よく出る過去質問集

公務員面接の
ギモン

公務員試験の中で、対策に不安を感じるのが「面接」ではないでしょうか？　その面接対策を学ぶ前に、そもそも何のために面接を行うのか、何を見られているのかなど、面接の意味を知っておきましょう。面接を行う意味がわかれば、不安も減るはずです。

Q.1 なぜ面接するの?

面接はその人を見る 絶好の機会

　般企業をはじめ、公務員試験でも筆記より面接を重視する傾向にあります。どんな仕事でも1人ではできません。仲間とともに新たな提案をし、力を合わせて問題解決にあたれる人材を求めているためです。面接官のチェックポイントの柱は2点。「応募者の人となり」と、「組織にとって有益な人材かどうか」です。まず、あいさつやきちんとした敬語が使えるか。相手の目をしっかり見て、自分の言葉で語れるかといったコミュニケーション能力が面接では試されます。ただし、立派な自分を装う必要はありません。ありのままの自分が出せたとき、採用に至るものです。不採用だと「自分の存在を否定された」と思いがちですが、人が行う面接に「相性」はつきもの。すぐに切り替え、次にチャレンジできるかが成功へのカギです。

面接突破の秘訣 等身大の自分を見せる!

● わからないことは素直に「わかりません」 ウソは見破られる

　面接では自分をよく見せたいがため、わからない質問にウソをついてまで答えてしまうことがある。中には意図的に答えられない質問をするケースもある。しかし、ウソをついても、ベテラン面接官はお見通し。大切なのは「わかりません」と正直に言えるかどうかにある。求められているのは知識量ではなく、「謙虚な人間性であるかどうか」ということを覚えておこう。

「勉強不足でわかりません」「申し訳ございません」「この後すぐに調べて覚えます」と答えよう!

Q.2 面接におけるタブーは？

常識ある行動を

面接時のタブーとは、「社会人としてのタブー」と言い替えられます。遅刻や無断欠勤はレッドカード。しかし、やむを得ず遅刻しそうな場合の対処法を準備しておくことも必要です。あらかじめ採用担当者の連絡先を調べ、すぐに電話し、きちんと謝罪して指示を仰ぐことが社会人としてのマナーです。また、面接の待ち時間には携帯電話をマナーモードにし、隣の人と無駄口をたたかない。喫煙所以外でタバコを吸ったり、化粧室以外で化粧を直すのも絶対に止めましょう。

面接会場の500メートル手前あたりから、すでに選考が始まっているという気構えが必要です。面接官が観察しているのは、まずは社会人としての常識やマナーです。

面接突破の 秘訣

丁寧な言葉づかいに慣れておく!

● **面接の練習を繰り返す 一人でも練習はできる**

いつでもどこでも1人でも「面接のロールプレイング」はできる。面接に少しでも慣れるため、自分で面接官を演じて質問し、自分で答える練習だ。自宅なら鏡の前で自分の表情を確認しつつ、本番を想定して実際に声を出して行う。特にうまく話せないときは不安な表情が出ていないかチェックしておきたい。また、外出先なら頭の中だけで繰り返し練習しよう。

Q.3 模範回答を覚えればいいのでは?

模範回答の丸暗記は絶対にNG! 気づかれたら即不採用

いちいち自分なりの答えを用意するのは大変だし、たいした答え方もできない。だったら模範回答を覚えて、そのまま答えたほうがいいのでは? というのは、よくある疑問。しかし、この考え方は危険です。何度も面接を行っている面接官なら、それがその人オリジナルの答えなのか、模範回答をそのまま覚えてきて話しているのかを見破るのは簡単です。そしてそれがわかったら、発言の途中でも止められて、自分の言葉で話すように注意されるか、そこで不合格と決まってしまいます。面接官は受験生の人となりを知って、一緒に働きたい人物かどうかを見極めたいわけですから、その場で質問をきちんと受け止めて、それに対して自分の言葉で答えていくことが大切。自分の言葉で答えられるよう、十分な準備をしておきましょう。

面接突破の 秘訣

自分の言葉で自分の回答をつくろう

● 難しくないオリジナル回答のつくり方

本書でも、よくある質問と「伝わる回答例」を紹介している (Chapter4〜6) が、それはあくまでも参考にしてもらうためのもの。大事なのは、準備段階で自分ならではの回答を用意しておくことだ。Chapter3 (P.61〜69) を参考に、ブレインストーミング、5W1H、文章要約練習、模擬面接練習と4つのステップで、面接官の心に響く「伝わる回答」を用意しよう。やる気さえあれば、難しくはない。

Q.4 一般企業の面接と何が違うの？

基本は同じなので練習で企業面接を受けるのもアリ

誰かと一緒に行う模擬練習も有効ですが、もっとも面接力アップにつながるのは実戦です。たとえ本命でなくても、企業の面接官は多くの学生を見てきた歴戦の担当者。質問の内容で重なるものも少なくありません。実戦を繰り返すことで、本命の面接で頭が真っ白になることを避けられ、いろいろなタイプの面接官にも対応できるようになります。さらに「圧迫面接」（P.56参照）にも慣れてしまえばこっちのものです。

また、企業の面接を受けるうちに、改めて「なぜ自分は公務員（自治体職員）志望なのか」を突き詰めることにつながります。面接を受けてその企業に魅力を感じたのなら、進路変更もおおいに結構。企業面接を通じて公務員への熱意が高まれば、それこそ「最高の武器」になります。

面接突破の 秘訣

悩んだらすぐ相談

● 就職相談ができる窓口に行く

就職活動では悩みは必ず生まれ、活動そのものをやめたくなることすらある。大事なのは決して一人で抱え込まないこと。友人や家族、先生などに相談することを忘れずに。身近な人に相談しづらい場合は、学校の就職担当者やハローワークなど公の場も積極的に活用しよう。立ちすくんでしまう前に、まず行動に移すことが孤独な戦いを勝ちとる秘訣となる。

❶ 学校の就職課など
在校生はもちろん、既卒者を喜んで受け入れる学校もある。母校を有効利用しない手はない。

❷ ハローワーク
就職活動をサポートする機関。窓口は対象者別に設けられているので、事前に確認しておこう。

❸ 資格スクール
公務員試験の専門的な情報を教えてくれ、役立つことが多い。

Q.5 面接苦手は克服できる？

克服するには練習と場数

本命の面接で「緊張しない」という人は、いないはずです。緊張で伝えたいことの「半分も言えなかった」では困ります。緊張しても伝えきるには、一にも二にも練習です。模擬面接を積極的に受け、友人や知人に頼んで面接を練習し、「面接ロールプレイング」も繰り返します。

次に大事なのは、しっかりと対策を練ることです。練習などでうまく答えられなかった質問については、しっかりと復習し、次回には必ずきちんと答えられるようにしましょう。合格への道は予習＋復習＋練習です。「苦手な質問」と自分でわかった時点で、すでに成長につながっています。インターネットで調べたり、他者に意見を聞いたりして自分なりの考えを練り直し、しっかり準備することで必ず「面接の達人」になれます。

面接突破の秘訣 どんな質問がくるか事前に調査する

● 備えあれば憂いなし！

質問をリスト化し、面接練習に役立てる

質問内容は最低でも10個程度は想定しておきたい。その3本柱は、「志望動機」「力を注いできたこと」「自己PR」。そうした基本を押さえたうえで、「逆に短所は?」「短所の克服のために何をした?」といった派生的な質問も想定し、リスト化しておこう。さらには、自分がつまずきそうな、苦手な質問も想定し、柔軟に答えられるようにしておけば、安心して面接に臨める。

Q.6 面接より筆記が大事では?

面接も重視されるように
なった公務員試験

　公務員試験では、まず筆記試験による1次試験で大きくふるいにかけられた後、面接が行われます。筆記試験が重要であることに変わりはありませんが、近年、特に地方公務員の採用などでは面接の配点が高く、面接の出来が決め手になる地域も少なくありません。面接は「人間性」を見るための場です。話し方、話の内容、聞き方、表情、態度、服装など、受験者から発信されるすべての情報が、面接官にチェックされます。

　公務員という職業には、「責任感」の強さをはじめ、組織で行動するうえでの「協調性」が不可欠です。さらに地域住民のため、献身的に取り組める「使命感」なども必要です。もちろん優れた知識と健康な身体も必要ですが、面接でしかわからない「人間力」を求められるのが公務員なのです。

面接突破の秘訣

面接の基本は「話を聞く」

●しゃべり過ぎ、しゃべらな過ぎに注意

　面接官の話の趣旨がわかるや否や、すぐに話し始める人がいるが、面接官は「話を聞く態度」もチェックしていると考えておこう。面接官の目を見て聞き、質問は最後まで聞く。質問中に感情を顔に出さないことも大切。ひと呼吸置いて話し始めるくらいでよい。集団面接でも同様。ほかの受験生の言葉に耳を傾け、きちんと相づちを打ち、話の腰を折らないように注意しよう。

合格者インタビュー ①

● 合格できた大きな理由は何だと思いますか?

圧迫面接でも冷静な受け応えを続けた

　受験前に先輩から、和やかな雰囲気で面接が行われると聞いて安心していました。ところが、私のときには、いわゆる「圧迫面接」でした。「なぜ下調べしてこない」「考えが甘いんじゃないか」など、厳しいことを言われて逃げ出したい気持ちにもなりましたが、ぐっとこらえて冷静に受け応えを続けました。その姿勢が評価されたのか、無事合格できました。

市政データを読み込んで本気度を見せた

　面接でも市政について質問されると聞いていたので、公開されている市政データや世論調査結果などを読み込み、自分なりに準備しました。面接の最後のほうで、「本市の行政課題はどんなところにあると思うか?」と質問され、世論調査で課題とされていた公園や緑地の整備を挙げ、市民のボランティア活動への意欲の高さと結びつけて市民参加型の緑地整備案などを述べると、非常に感心されました。

面接カードを丁寧に書き込んだ

　私の受験した自治体では、会場に着くと面接カードがあらかじめ席に置かれていました。1時間前に会場に着いていたので、余裕を持って面接カードに記入でき、アピールしたい内容をしっかりと盛り込めました。その面接カードの内容が面接官の興味を惹き、思っていたとおりのアピールができて採用が決まりました。

Chapter 1

面接当日までに
すること

「面接試験」と聞いて、どんな準備が必要かイメージできますか？
本気で合格を目指しているなら、面接の当日までに用意しておくべき
ことが数多くあります。Chapter 1では、面接試験の流れを解説し
て、当日までにすべき準備の内容を具体的に紹介します。

面接突破の流れ

■ 事前の準備が面接突破の第一歩。まずは、どんな準備が必要なのかを知ろう
■ 必要な準備を確認したら、次は行動。本番を想定して、練習してみよう

STEP1

公務員について知る

面接を攻略するためのファーストステップは、公務員の仕事内容や組織の仕組み、やりがいを調べておくことです。公務員になってやりたい仕事や10年後の未来像など、より具体的なイメージをつくり上げておくと、面接官からの質問に答えやすくなります。試験や面接に対する自分のモチベーションも上がるので、一石二鳥です。

準備アクション

☐ 説明会・セミナーに参加する（→P.28）

面接までの
流れ

準備開始

面接試験に関する情報を調べる

公務員について知る

STEP2

面接試験に関する情報を調べる

公務員の面接は、受験先によってさまざまです。個人面接だけでなく、集団面接や集団討論などを行うところもあります。また、インターネットを利用したオンライン面接を行う自治体もあります。当日になって慌てないように、入念に下調べをしておきましょう。

準備アクション

☐ 志望先の面接形式を確認する（→P.40）
☐ オンライン面接の基本を確認する（→P.44）

ⓈⓉⒺⓅ③

自分の回答を用意する

面接で質問される項目は、ある程度決まっているものです。したがって、事前に面接でどのような質問をされるのかを調べ、自分が答えにくい質問への対策を練っておくことが大切です。面接カードを基に進められることも多いので、きちんと回答を考えておきましょう。

準備アクション

☐ ベストな回答のつくり方を知る（→Chapter3）
☐ 想定される質問とそれに対する回答を考える（→Chapter4、5、6）

面接本番に向けて、トレーニングする

自分の回答を用意する

面接
当日

ⓈⓉⒺⓅ④

面接本番に向けて、トレーニングする

体力試験に備えて身体を鍛えておくのと同じように、面接も本番で存分に力を発揮するためには練習が必要です。また、面接では、時事問題について聞かれることも多くあります。日頃から新聞を読んだり、ニュースを見たりして、情報収集しておきましょう。

準備アクション

☐ 時事問題をチェックしておく（→P.32）

公務員試験の概要を知る

■国家公務員試験は人事院によって行われ、合格者を各国家機関が採用する
■地方公務員試験は、各地方公共団体・機関が独自に行い、採用する

基本的には2次試験時に面接が行われる

　公務員試験は大きく分けると、「国家公務員試験」と「地方公務員試験」の2つがあります。採用までの流れは国家公務員一般職（大卒・高卒）の場合、①HPや業務説明会等による情報収集②採用試験：1次試験（筆記）、2次試験（面接）③志望官庁の採用面接となります。

国家公務員 国家総合職（大卒程度）

1次試験	基礎能力試験（多肢選択式）	公務員として必要な基礎的な能力（知能及び知識）についての筆記試験 <知能分野> 文章理解11題／判断・数的推理（資料解釈を含む）16題 <知識分野> 自然・人文・社会（時事を含む）13題
	専門試験（多肢選択式）	各試験の区分（職種）に応じて必要な専門的知識などについての筆記試験 （政治・国際、法律、経済、人間科学、工学、数理科学・物理・地球科学、化学・生物・薬学、農業科学・水産、農業農村工学、森林・自然環境の10区分）
2次試験	専門試験（記述式）	各試験の区分に応じて必要な専門的知識などについての筆記試験
	政策論文試験	政策の企画立案に必要な能力その他総合的な判断力及び思考力についての筆記試験（資料の中に英文によるものを含む）
	人物試験	人柄、対人的能力などについての個別面接
	英語試験	外部英語試験を活用し、スコア等に応じて総得点に15点または25点を加算

国家公務員 国家一般職（大卒程度）

1次試験	基礎能力試験 （多肢選択式）	公務員として必要な基礎的な能力（知能及び知識） についての筆記試験 <知能分野> 文章理解11題／判断推理8題／数的推理5題／資料解釈3題 <知識分野> 自然・人文・社会（時事を含む）13題
	専門試験 （多肢選択式）	各試験の区分（職種）に応じて必要な専門的知識など についての筆記試験 （行政、電気・電子・情報、機械、土木、建築、物理、化学、農学、農業農村工学、 林学の10区分）
	一般論文試験	【行政区分】文章による表現力、課題に関する理解力など についての短い論文による筆記試験
	専門試験 （記述式）	【行政以外の区分】各試験の区分に応じて必要な専門的知識など についての筆記試験
2次試験	人物試験 （面接試験）	人柄、対人的能力などについての個別面接

国家公務員　国家一般職（高卒程度）

1次試験	基礎能力試験 （多肢選択式）	公務員として必要な基礎的な能力（知能及び知識） についての筆記試験 <知能分野> 文章理解7題／課題処理7題／数的処理4題／資料解釈2題 <知識分野> 自然科学5題／人文科学9題／社会科学6題
	適性試験 （多肢選択式）	速く正確に事務処理を行う能力についての筆記試験 置換・照合・計算・分類などの比較的簡単な問題を限られた時間内に番号順 にできるだけ多く解答するスピード検査
	作文試験	文章による表現力、課題に対する理解力などについての筆記試験
	専門試験 （多肢選択式）	各試験の区分に応じて必要な専門的知識などについての筆記試験
2次試験	人物試験	人柄、対人的能力などについての個別面接
	身体検査	主として胸部疾患（胸部エックス線撮影を含む）、尿、その他一般内 科系検査

地方公務員 地方上級（中級）公務員試験（主な例）

1次試験	教養試験 （多肢選択式）	公務員として必要な基礎的な能力（知能及び知識） についての筆記試験 （文章理解・判断推理・数的推理・資料解釈など）
	専門試験 （多肢選択式）	各試験の区分（職種）に応じて必要な専門的知識など についての筆記試験
	作文試験	文章による表現力、課題に関する理解力など についての短い論文による筆記試験
2次試験	面接試験	人柄、対人的能力などについての個別面接や集団討論など
	適性試験	職務に対して適性があるかどうかの検査 （クレペリン検査・YG検査など）
	身体検査	胸部疾患や健康度を見る検査

※試験内容や実施のタイミングなどは各地方自治体によって異なる。

地方公務員 地方初級公務員試験（主な例）

1次試験	教養試験 （多肢選択式）	国語、数学、社会、理科などの一般知識 文章理解、課題処理、数的処理、資料解釈などの一般知能
	適性試験 （多肢選択式）	正確な事務処理の能力を見る試験 （置換、照合、計算、分類などを時間内にどれだけ多く解答できるかを問う）
	作文試験	文章による表現力、課題に関する理解力など についての短い論文による筆記試験
2次試験	人物試験	人柄、対人的能力などについての個別面接や集団討論など
	適性試験	職務に対して適性があるかどうかの検査
	身体検査	胸部疾患や健康度を見る検査

※試験内容や実施のタイミングなどは各地方自治体によって異なる。

受験資格について

ここではそれぞれの試験の受験資格について紹介しています。

● 国家公務員　国家総合職（大卒程度）

▶ 受験年度の4月1日における、21歳以上30歳未満の者。
▶ 20歳以下でも、次に該当する者。
　❶ 大学を卒業した者及び受験年度の3月までに大学を卒業する見込みの者。
　❷ 人事院が❶に掲げる者と同等の資格があると認める者。

● 国家公務員　国家一般職（大卒程度）

▶ 受験年度の4月1日における、21歳以上30歳未満の者。
▶ 20歳以下でも、次に該当する者。
　❶ 大学を卒業した者及び受験年度の3月までに大学を卒業する見込みの者。
　❷ 人事院が❶に掲げる者と同等の資格があると認める者。
　❸ 短期大学または高等専門学校を卒業した者及び受験年度の3月までに短期大学または高等専門学校を卒業する見込みの者。
　❹ 人事院が❸に掲げる者と同等の資格があると認める者。

● 国家公務員　国家一般職（高卒程度）

▶ 受験年度の4月1日において高等学校もしくは中等教育学校を卒業した日の翌日から起算して2年を経過していない者。及び、受験年度の翌年度までに高等学校または中等教育学校を卒業する見込みの者。
▶ 人事院が上記に掲げる者に準ずると認める者。

● 地方上級公務員／地方中級公務員／地方初級公務員

▶ 地方により年齢制限は異なるが、上級の場合は22歳～29歳が多数。中級は20歳～27歳が多数。初級は17歳～20歳が多数。年齢制限は拡大傾向にあり。30歳以上でも受験が可能なところが増えてきている。また、学歴による受験区分をしないところが増加。
▶ 上級：受験時に大学卒業または卒業見込みの者。学力は不問とするが、大学卒業程度の学力を有する者。
　中級：受験時に短期大学卒業または卒業見込みの者。学力は不問とするが、短期大学卒業程度の学力を有する者。
　初級：受験時に高校卒業または卒業見込みの者。学歴規定を設けている自治体では、大卒や大卒見込み者が受験できない場合もある。
▶ 日本国籍のない者は受験不可（自治体によっては可）。

国家公務員を目指す場合は、人事院のホームページ（http://www.jinji.go.jp/top.htm）に掲載される情報をチェックし、地方公務員の場合は自治体により受験資格などが異なるため、志望先の自治体市役所などに掲載される情報をチェックするようにしましょう。

説明会・セミナーに参加する

■国家公務員も地方公務員も、説明会・セミナーで情報収集
■国家公務員の1次試験合格者対象の説明会は特に重要

説明会・セミナーは貴重な情報収集の場

　人材採用を考えている各省庁や地方公共団体が、説明会やセミナーを開催しています。国家公務員については、国家公務員試験を管轄する人事院や、採用者を決める各府庁が主催して、さまざまな説明会やセミナーを開催しており、業務内容の説明を受けたり、実際に働いている先輩の生の声を聞いたりすることができ、各機関のパンフレットを入手することもできます。一方、地方公務員の志望者向けにも説明会やセミナーが開催されていますが、自治体によって日程や内容が異なります。10月くらいから開催情報が出てくるので、参加希望の自治体のWebサイトや広報などをこまめにチェックしておきましょう。

説明会・セミナーのマナー

訪問前

① 仕事の内容を調べておく
一般公開されている情報は頭に入れておく。そのうえで、さらに知りたいことをメモしておく。

② スーツ着用
就職説明会と同じく、スーツを着用すること。身だしなみや振る舞いにも気をつける。

訪問中・訪問後

① しっかりあいさつをする
「こんにちは」「ありがとうございます」「本日はとても勉強になりました。お忙しい中、本当にありがとうございました」など礼を尽くそう。

② 相づちを打つ
メモを書かないときは、相手の目を見て、しっかりと相づちを打つ。

参加することの利点

① 現場で働く先輩たちの意見が聞ける

普段はあまり聞けない仕事に対する考え方ややりがいなどを話してくれることがあります。受験対策のヒントが見つかることも多いです。

● 仕事内容について聞くこと（例）

▶ 現在、当該市役所はどのようなことに力を入れているのか？
▶ 現在の課題に対して、どのような対策を考えているのか？
▶ 仕事をしていて、大変に思うことは何か？
▶ 職員になって、うれしいことや苦しく感じることは何か？
▶ 公務員になる前となった後とで、考え方が変わったことはあるか？

② 話を聞いてモチベーションアップ

現役の職員から直接話を聞くのは大きなモチベーションアップにつながります。日々体験していることや仕事について調べたうえでわからなかったこと、説明を聞いて出てきた疑問点など、積極的に質問しましょう。

③ 国家公務員の官庁業務合同説明会は採用の足がかりになることも

国家公務員試験の第1次試験（一般職）の合格者に対して行われる「官庁業務合同説明会」では、各機関に採用された場合、どのような仕事に携わることができるかを知ることができるよい機会であるとともに、各機関がその機関に適した人材を見つける機会にもなっている。各機関の職員と個別に質疑応答ができ、官庁訪問時の足がかりにもなる。

CHECK 国家公務員試験の情報は人事院から入手

国家公務員志望者向けの「各府省合同業務説明会」など、人事院や各府省が開催する説明会・セミナーの開催時期、参加方法などは人事院のWebサイト「国家公務員試験採用情報NAVI」に詳細が掲載されるので、チェックしておこう。人事院の採用メールマガジンに登録すれば、セミナーの開催日程などがメールで送られてくるため非常に便利。

■国家公務員試験採用情報NAVI　　http://www.jinji.go.jp/saiyo/saiyo.htm

官庁訪問を知る

■国家公務員としての採用には、「官庁訪問」が必須
■「総合職」と「一般職」で、官庁訪問の時期も異なる

採用は官庁訪問の面接で決まる

　国家公務員の「総合職」「一般職」では、2次試験時に、国家公務員試験を管轄する人事院による「人物試験」（個別面接）が行われます。これを経て合格すると「最終合格者」となりますが、「合格」イコール「採用」ではありません。そのため、志望官庁に連絡を取り、面接を受けて採用内定をとる必要があります。この志望官庁での採用面接を受けるために必要な働きかけが、「官庁訪問」です。官庁訪問は、受験者が志望官庁を訪問し、業務説明や面接を受けるもので、志望官庁等に採用されるための重要なステップです。各官庁等は官庁訪問を通じて、各官庁等にとって適した人材であるかどうか、行政に対する意欲がどの程度であるかなどを見ます。受験者にとっては、官庁等の情報を得るとともに、積極的にPRできる場であり、この過程を経て、各官庁等から内々定を得ることになります。官庁訪問のスケジュールは人事院のホームページなどで確認できます。

採用候補者名簿の有効期間

　国家公務員の「総合職」「一般職」の「最終合格者」は、試験の区分ごとに作成する採用候補者名簿に記載され、各府省等では採用候補者名簿に記載された者の中から、面接などを行って採用者を決定する。この採用候補者名簿には有効期間がある。「総合職」「一般職」（大卒程度試験）は、最終合格者発表日から3年間、一般職試験（高卒者試験、社会人試験（係員級））は、最終合格者発表日から1年間と決められている。

官庁訪問の流れ

① 官庁研究

官庁訪問での面接に備えて、訪問先の官庁の研究を進めておく。早めに各省庁が発行しているパンフレットなどの資料を入手しておこう。電話予約が必要な官庁と必要のない官庁がある。官庁訪問への対応は、それぞれで異なっているので、電話で訪問の仕方について聞いてみるとよい。

② 業務説明会に参加

訪問希望者を一斉に集めて、業務内容や勤務条件などについて説明が行われる。本省庁では、随時行われて実質的な面接につながることも多いが、地方機関では形式を踏んで実施されることが多い。必ず質疑応答の時間が設けられるので、積極的に質問したい。ここで採用担当者の目にとまることができれば、面接の呼び出しにつながることが多い。

③ 官庁訪問での面接

最初は、人事担当者や大学のOB・OGが面接を行うケースが多い。3人の面接官との個別面接がほとんどで、時間は15〜30分程度。面接場所は、応接室や会議室、面接官のオフィスなどさまざま。最初の面接で好印象を与えられれば、さらに上位の役職者、管理職との面接に進む。1日に数回行われることもあれば、日を改めて何度か訪問することもある。

④ 内々定を得る

何度か面接を行った後、評価が高い受験生には「内々定」が出される。はっきりと内々定を告げられ、他省庁へ回らないよう囲い込みが行われる場合や、はっきりとは伝えずにほのめかすだけの場合もある。

［C］［H］［E］［C］［K］ 官庁訪問のスケジュール

　官庁訪問のルールは毎年変わるため、仲間やネットなどからの情報で動向をしっかりチェックしておこう。ある年度を例にすると、「総合職」の人事院による面接の実施期間は5月下旬〜6月中旬、官庁訪問の開始時期は最終合格発表日以降の6月下旬。「一般職」の人事院による面接の実施期間は7月中旬〜8月上旬、官庁訪問の開始時期は官庁業務合同説明会以降の7月中旬。

時事質問対策のための情報収集を行う

■ 面接から1年前までの時事ネタと2～3年前までの大きな事件を押さえる
■ 新聞やテレビと参考書を組み合わせて、情報を収集する

面接で問われる時事問題は2つのタイプがある

時事問題についての質問への対策のポイントは、面接でよく質問される事柄を中心に、ニュースや新聞をチェックしておくことです。

時事問題に関する質問には、大きく分類すると2つのタイプがあります。受験生の時事問題についての知識を確認しようとする質問と、意見を聞こうとする質問です。前者に対しては、きちんと内容を理解して簡潔に説明することができるか、後者に対しては、その出来事に対して自分なりの考えを持ち、しっかりと伝えられるかを意識して、どのように回答するべきかを検討してみましょう。準備をしているかどうかで大きな差が出る質問です。

時事に関する質問の2タイプ

① 知識確認タイプ

時事問題に対して関心を持っているか、また、その内容まで把握しているかを確かめる意図がある。

● 具体例
・最近、興味のあるニュースや時事問題は何ですか?
・今日の新聞で気になったニュースは何ですか?

② 意見確認タイプ

時事問題に対してどのような意見を持っているか、また、その意見をどのようにして伝えるのかを聞き出そうとする意図がある。

● 具体例
・少子高齢化について、どう思いますか?
・電力問題について、どう思いますか?

時事対策に関するよくある疑問に答えます

Q1 手っ取り早くできる対策はありますか?

A1 普段からニュースに触れる習慣を身につけることが、もっとも手っ取り早い時事対策です。毎日発信されているニュースの量は膨大です。試験の直前になって一気に勉強しようとすると大変なので、毎日の生活の中で新聞やニュースに触れておくことが大切です。

Q2 ニュースはいつ頃のものまで知っておけばいいですか?

A2 大きな事件でしたら、1年前の状況までは把握しておきたいです。面接日の半年前くらいまでのニュースや事件は頭に入れておいたほうがいいでしょう。

Q3 オススメの対策はありませんか?

A3 具体的には、新聞やテレビ、インターネットを使った情報収集がオススメです。最新の時事問題をまとめた参考書を読むことも有効です。新聞+参考書や、インターネット+参考書といった組み合わせはバランスがとれていて、時事対策に適しています。

CHECK 時事ネタ収集に役立つ3つのメディア

☐ **新聞**

時事対策における基本のメディア。毎日読み続けていくと、とても対応力がつく。最初は面倒に思うかもしれないが、読む習慣を身につけてしまえば楽になる。通学や通勤の前、電車の中、帰宅してからなど、毎日読むようにする。

☐ **テレビ**

小難しい時事ニュースもわかりやすく解説してくれるのでオススメ。新聞がどうしても苦手な人は、テレビを中心に利用するとよい。実際、「毎日同じテレビのニュース番組を見ていました」という内定者もいた。親しみやすいキャスターで選ぶなど、お気に入りのニュース番組を見つけよう。

☐ **WEB**

さまざまなニュースサイトからも時事ネタを集めることができる。利点は広い範囲の情報をざっくりと仕入れられること。短い文面だけでも頭の中に入れておくと、情報収集のアンテナが立つようになる。ただ、これだけでは理解の深さが足りないので、すき間時間の時事対策と考えておこう。

自分の回答を用意して面接練習

■ 自分にとってベストな回答をつくり、自分の言葉できちんと話そう
■ 本番を想定して、自問自答を繰り返す練習をやっておこう

本番に備えて回答づくりと練習をする

面接では、自分の話を自分の言葉できちんと話すことが大切です。それが、自分にとってのベストな回答に近づくための道筋です。しかし、頭でわかっていても、いきなり本番ではうまくいかないもの。まず自分なりの回答をつくっておいて、本番を想定した練習が必要です。そこでオススメしたいのが、面接ロールプレイング。これは自分で面接官のように質問し、自分で回答する練習です。これに慣れてくると、用意した回答をスムーズに伝えられるようになります。自宅では声に出して、外出先では頭の中で練習してみましょう。

面接練習の手順と復習

1 質問内容をチェック

2 自分の回答をつくる

3 面接練習をする

4 自分の得意な質問と苦手な質問を特定して、繰り返し練習

得意な質問

面接でも同様の
回答をできるようにしておく

最初は得意な質問の数が少なくても大丈夫。少しずつ得意な回答を増やしていこう。

苦手な質問

本番までに対応策を練っておく

面接で同じ質問をされたときにはうまく回答できるように、練習して準備をしておく。

面接練習を欠かさずに

1人でする練習

鏡に向かって練習する
（→P.15）

録音・録画して見直してみる
客観的に見聞きしてみると、おかしな点に気づくことがある。

2人（複数人）でする練習

模擬面接
第三者の目で見てもらいながら、苦手な質問も克服しよう。

企業面接に参加する

企業面接に参加し、面接に慣れる（→P.17）

C H E C K ハローワークで面接練習

　内容などは自治体によってさまざまだが、模擬面接による指導を行っているハローワークもある。多くの場合、面接官に気づいた点を指摘してもらったり、具体的な指導を受けたりできる。予約したほうがスムーズにいくことも多いので、まずは実施しているかの確認も含めて近くのハローワークに問い合わせてみよう。

面接前日 チェックリスト

■持ち物や面接会場へのアクセスなどを改めて確認する
■面接を突破するための身だしなみや心構えも改めて確認しよう

面接前日までにチェックしておきたいこと

　面接当日に必要な最低限のチェック項目を紹介します。このほかにも面接内容によって注意すべき点が加わるようなら、事前に備忘録としてメモしておきましょう。

CHECK!  当日の流れ

□ 交通手段や駅からの道のりなど、行き方を具体的に調べてあるか？
（会場の下見はしたか？　悪天候時の代替路を確認したか？）

CHECK!  持ち物

□ 筆記用具や体力検査で使用する運動着は用意してあるか？

CHECK!  身だしなみ

□ スーツやYシャツ（ブラウス）にシワはついていないか？
□ 靴の汚れを落としているか？　かかとはすり減っていないか？

CHECK! マナー

□ はっきりとあいさつをする　□ テキパキと行動する
□ 話している面接官の目を見る

CHECK!  面接カード

- ☐ 結論から書き、具体例を交えた読みやすい文面になっているか?
- ☐ 記入したことに対しては、どのように尋ねられても回答できるか?

CHECK! 面接で多く聞かれる項目に対する回答

- ☐ 志望動機は公務員の役割や仕事内容に沿っているか?
- ☐ 力を入れてきた活動と自己PRは、協調性やストレス耐性があることを説明する強みになっているか?
- ☐ 趣味・特技は、前向きで健康的な印象を与えることができるものか?
- ☐ 専攻やゼミは、選んだ理由を明確に説明でき、「なぜ公務員を志望するのか」という質問への回答と合致しているか?
- ☐ 関心を持っている事柄は、最低3つ準備しているか?

CHECK! 面接時の心構え

- ☐ 言いたいことを言うのではなく、質問に答える
- ☐ 知らないことを聞かれたときは素直に謝り、「すぐ調べます」など、誠実に回答する
- ☐ 入室から退室するまで、気を緩めない
- ☐ 圧迫面接だとわかったら、冷静に相手が言うことを受け入れつつ、諦めずに回答する

CHECK! 集団面接

- ☐ ほかの受験生が発言しているときはその話をよく聞き、相づちを打つことを心がける

CHECK! 集団討論

- ☐ 「全員で合格しよう」という意識を持って、時間配分を考える
- ☐ 課題の中にあいまいな言葉があった場合は、早めに定義づけする
- ☐ 違う意見がないときも、賛成理由を述べることを心がける

合格者インタビュー ②

● 面接突破のためにがんばったこと、気をつけたことは?

 集団討論でも姿勢やマナーに気をつけた

　私は個人面接ではもちろん、集団討論のときも気を緩めず、姿勢やあいさつなどに気をつけていました。同じグループの人たちも最初はきちんとした姿勢や言葉づかいだったのですが、徐々に足を大きく開いたり、うつむきがちだったり、ペンを回し始めたりする人がいて、そうした人は次に進めなかったみたいです。

 友人と面接の練習を繰り返した

　面接は自信がなかったので、公務員を目指す友人と交代で面接官の役をしながら、何回も面接練習を行いました。面接官役になったときには本気で突っ込み合っていたので、質問のパターンもわかるようになり、行政についての勉強も進みました。突っ込んだ質問をされても落ち着いて対応できるようになり、面接当日も和やかに受け応えができました。

 はっきりした声であいさつや受け応えをした

　はっきりした声であいさつや受け応えをすれば印象もよくなるはずだと考えて、実行しました。野球部で大きな声を出すことには慣れていたのですが、念のため友人を相手に何度か面接の練習をしました。面接当日も、まわりはおとなしい感じの人が多かったため、私が元気なあいさつをすると面接官も最初は驚いたようですが、その後は笑顔に変わり、面接もスムーズに進んで無事突破できました。

Chapter 2

公務員面接の
基礎知識

一口に「面接」といっても、実はさまざまな形式の面接があります。
公務員の面接試験では、どのような面接が行われるのかを知り、ま
た、事前に提出する面接カードのつくり方や面接における基本的なマ
ナーなども学んで、面接準備の基礎を固めましょう。

3つの面接形式と面接カードを知る

■ 各自治体によって面接形式が異なるので事前に確認しておく
■ 面接での質問の基になる資料が面接カードであることを心得ておく

面接形式は個人・集団面接・集団討論の3つ

　面接には、個人・集団面接と、集団討論の3つの形式があります。また、個人面接をオンライン面接で行う自治体もあります。どのような形式の面接を行うかは、各自治体によって異なりますが、共通するポイントは面接カードや履歴書の記述に関する質問が多くを占めることです。ここでは各面接形式の概要を確認しておきましょう。

個人面接

受験者の人数		1名
面接官の人数		3~5名程度
面接時間		15分程度

※ 圧迫面接は個人面接で行われることが多い

　個人面接では15分程度と時間が長く設定されているので、志望動機や自己PRから深く掘り下げた質問を投げかけられることがある。暗記した棒読み回答などは避け、面接官の問いかけをしっかり聞いて答える「会話のキャッチボール」を意識しよう。面接官が3～5人と複数いて緊張する形式ではあるが、面接官全員に目を配りながら回答するように心がけよう。

集団面接

受験者の人数	5~9名
面接官の人数	3名程度
面接時間	60分程度

集団面接は、通常、受験者5〜9名に対して面接官3名で行う1時間程度の面接のこと。この面接でのポイントは、ほかの受験生が答えているときの自分の「振る舞い」である。受験者の発言機会が少ない分、面接官は受験者の動作をよく見ている。自分への質問が終わったことで安心し、ほかの受験生と面接官のやりとりに無反応でいるところもチェックされている。ほかの受験生が話している内容に相づちを打つなど、話を聞く姿勢を維持しよう。

集団討論

受験者の人数	5~8名
面接官の人数	3~4名程度
面接時間	40~60分程度

集団討論とは面接官から与えられたテーマについて、受験生で協力して意見をまとめていく作業のこと。この作業の主眼は持論を戦わせて、自分の意見を通すことではない。意見をまとめていくにあたって各受験生がどれだけ貢献したかが問われる。面接官は各受験者の発言回数や表情、態度を観察したり、終了後に各受験生のメモ用紙を回収したりする。集団討論を通じて、ほかの受験生とどのような態度で関わりを持つかを確認している。

面接カードの内容を把握しよう

　面接カードは、面接官が受験者の人柄を知るうえで参考にする資料となります。そのため、記入した内容については、面接官から深く掘り下げる質問をされても、落ち着いて受け応えできるようにしなければなりません。あらかじめ掘り下げられる質問を想定して、自己分析や過去の実績確認などを行い、想定問答を整理しておきましょう。

　また、面接カードは事前提出と当日記入の場合があります。事前提出のときは、記入内容を把握できるようにコピーをとっておきましょう。当日記入のときは、メモを見なくても項目を書ききれる練習が必要です。記入時間は短く20分程度しか与えられない場合もあります。

CHECK　面接カードによくある記入項目

　面接カードの書式は受験先によって異なるが、共通しているのは志望動機と学生時代に力を入れた事柄。必ず項目にあるのでしっかりと記入しよう。

☐ **志望動機 (やりたい仕事)**
受験先によっては、下記の3つに分類している。
① 公務員を志望する理由
② 公務員の中で、当役所を志望する理由
③ 当役所でやりたい仕事

☐ **自己PR**

☐ **学生時代に打ち込んだこと**
(社会人になってから打ち込んだこと)

☐ **学生生活で印象深かったこと**
(社会人になってから印象深かったこと)

☐ **学業以外で力を注いだこと**
(仕事以外に力を注いだこと)

☐ **卒業論文のテーマ**

☐ **得意科目**

☐ **サークル・クラブ活動**
「大会の出場経験やコンクール成績」など細かく項目がある。記入欄は大きいことが多い。

☐ **最近の関心事**

☐ **長所・短所**

☐ **趣味・特技**

☐ **併願先**

☐ **学校 (職場) の所在地**
(当日記入できなければ、後日郵送になる)

☐ **最近読んだ本**

☐ **最近気になったニュース**

☐ **職歴 (アルバイト)**

面 接 カ ー ド

受験番号		ふりがな 氏　名	

1　受験の動機について書いてください

公務員についてのイメージ・やりがい

●●市役所志望の動機・理由

公務員としての抱負（採用された場合どのような仕事をしてみたいか、興味を持っているか）

2　あなたの学校生活について書いてください

好きな学科・理由、嫌いな学科	加入したクラブ活動・サークル活動
学生時代に打ち込んだこと（具体的に）	中学校から含めてこれまで 経験した役員・委員等

3　自己PR

4　就職活動の状況（今年度の内容について記入してください）

受験した（予定の）職種	結果及び予定	志望順位

● 記入のコツ

□ ボールペンで
清書をする前
に下書きを

□ 定規で補助線
を引き、行のバ
ランスをとる

□ コピーして繰
り返し練習す
るのも◎

□ まずは考え込
まず思いつい
た内容を書く

□ 面接を想定し
ながら文章を
清書していく

□ 面接カードの
書き方につい
て→P.166

学生生活については、細かく記入することが多いです。
大学時代だけでなく、中学・高校生時代についても記入
を求められることがあります。部活や委員会、行事への
参加など学生時代の活動を整理しておきましょう。

オンライン面接の基本

■ オンライン面接に必要なインターネット環境を整えよう
■ 画面映りを意識した目線や表情の練習をしておこう

オンライン面接は、事前準備と練習が大切

　面接の本質である「応募者の人となり」と「組織にとって有益な人材かどうか」は、オンライン面接においても変わりませんが、オンライン面接特有の状況に、不安に感じる受験生も多くいます。例えば、「映像と音声にタイムラグがあって、話す時に戸惑ってしまう」「画面に映った範囲だけしか相手も自分も見えないので、場の雰囲気が読みづらい」などがあげられます。このような状況を克服し、不安を減らすためのノウハウを確認しましょう。

オンライン面接での話し方

● 最初のあいさつと終わりのあいさつ
　5分前には、パソコンの前で待機し先方の姿を確認したら、「こんにちは!」とWEBカメラを見ながら元気にあいさつする。面接が終了したら、「本日は、ありがとうございます。失礼いたします。」と座ったままであいさつをして終了する。

● 張りのある声で、間を取って話す
対面の面接より声が通りにくいことがあるので、明るくはっきりと声を出すように意識する。また、映像と音声のタイムラグが生じるので、間を取りながらゆっくりと話す。

オンライン面接での見せ方

● WEBカメラの位置と目線

WEBカメラは、姿勢をよくした状態で自分の目線の高さに合わせる。話す時はWEBカメラを見て、聞く時はモニターを見るとよい。モニターを見て話すと目線が下がり、暗い印象になるので気をつける。また、WEBカメラの位置が低すぎると面接官を見下す目線になり高圧的な印象になるので注意する。目を動かしすぎるのも、落ち着きがないように見られる。WEBカメラの位置と目線は、常に細心の注意を払おう。

● 表情とジェスチャー

　WEBカメラを見ながら話すと表情が硬くなりがちなので、少し口角を上げて明るい表情をつくるよう心掛ける。大げさなジェスチャーは、画面からはみ出て効果的ではないので、最小限にとどめた方がよい。

C H E C K オンライン面接の環境を整える

事前に、面接当日と同じ環境（使用機器・ネットワーク環境・利用する部屋等）で動作確認をしておくことが大切。

☐ 面接に必要なアプリケーションは使える状態か？

☐ 面接の時間に工事などの騒音はないか確認したか？

☐ 使用機器の充電とデータ通信残量を確認したか？

☐ 画面に映る背景は片付いているか、不必要なものが映り込まないか？

☐ 自分の顔が明るく映るように、部屋の照明を調節したか？

☐ トラブルに備え、受験先の連絡先と担当者名をひかえたか？

☐ イヤホン（有線の方が好ましい）は用意しているか？

☐ 自分の声がきちんと拾えるように、マイクの位置と音量を確認したか。

面接マナーと身だしなみの基本

■「しっかりしている」という印象を与えるマナーを身につけよう
■「公務員として住民と接しても問題のない身だしなみ」にする

基本マナーを守るだけで好印象になる

面接時の服装や立ち居振る舞いは、受験者なら気になるところでしょう。常識的な服装やマナーが備わっていれば、初対面である面接官は、まず安心するはずです。しかし、必要以上に丁寧な所作である必要はありません。

大事なことはキビキビと動くことです。面接官は受験者の日常生活のチェックポイントとして、入室から退出まで、立つときの姿勢やイスの座り方、目線の向きなどを細かく見ています。自分の立ち居振る舞いを鏡で見ながら、練習して慣れておくとよいでしょう。

好印象を与えるマナー① あいさつ

好印象を与えるポイントは、自分から先に明るく元気よくあいさつすること。普段からまわりへのあいさつを心がけて習慣づけておくことが大切。

あいさつが元気だと、周囲の人は親しみがわき、安心するもの。それは面接時でも同じ。面接官からあいさつしてこなくても、受験生の元気なあいさつは会場の雰囲気を明るくすることにもなる。

よろしく
お願いします！

好印象を与えるマナー② 立ち方

過剰に堂々とした姿勢をとるのではなく、静かに自信を持った姿勢で立つ。両足のかかとをつけて、つま先は握りこぶし1個分程度空ける。胸を反らすよりも背筋を伸ばして、空からひもで引っ張られているような意識を持って立つと、よい姿勢になる。

ヨコ　正面

● ポイント

☐ 胸を反らすのではなく、背筋を伸ばす
☐ 天井からひもで引っ張られているイメージ
☐ 肩の力を抜き、ほどよくリラックス
☐ かかとをつけ、つま先は握りこぶし1個分開く
☐ 手は指先まで意識して伸ばす

好印象を与えるマナー③ 座り方

イスに座る姿勢は、立っているときと同じように、天井からひもで引っ張られているイメージで背筋をまっすぐ伸ばして、アゴを引いて座る。面接中は背もたれに背中をつけず、力を抜きすぎないように気をつけよう。手は男性の場合は軽く握り、女性の場合は、指先を伸ばし、手を重ねて、太ももの上に置こう。

男性　ヨコ　正面

女性　ヨコ　正面

● ポイント

☐ イスの3分の2程度に腰かける
☐ 足は肩幅くらいに開く
☐ 手は軽く握り、太ももに置く
☐ 肩の力を抜いてリラックス

● ポイント

☐ イスの2分の1程度に腰かける
☐ 足は開かずにそのまま下ろす
☐ 両ひざは、常につけておく
☐ 指先を伸ばし、手を重ねて太ももに置く

男性の身だしなみチェックポイント

男性

スーツ

色	リクルートスーツ（濃紺か黒）
サイズ	流行りのきつめのサイズより、肩幅がきちんと合っているものが◎。ズボンの折り目が気になるなら、クリーニング店で加工しておく

チェック

- □ ズボンの折り目は綺麗に出ているか？
- □ 前合わせのボタンは正しくとめられているか？（一番下はとめない）
- □ ポケットのフラップ（ふた）は入れるか出すか統一しているか？
- □ 丈が短くないか？
  ※高校生の場合は学生服をチェック

Yシャツ

色	白（インナーのTシャツも白で無地）
サイズ	首回りとそでは、人差し指が1本入る程度の余裕を

チェック

- □ シャツにしわがないか？
- □ えりやそでが汚れていないか？

顔・髪型

色	黒髪
長さ	耳にかからない程度の長さでおでこは出す。7:3や6:4分けや短髪が望ましい

チェック

- □ 寝癖やひげの剃り残しはないか？

ネクタイ

色	青や濃い赤など明るく見える色

チェック

- □ 結び目の大きさが、えりの形に合っているか？
- □ ネクタイの先はベルトの上にあるか？
  ※ネクタイ以外の装飾品（カフスボタンや高級時計）はNG

靴

色	黒のビジネス用ひも靴が無難。靴下は濃紺か黒

チェック

- □ 靴に装飾はないか？
- □ 白い靴下、踝の見える短いソックスをはいていないか？
- □ 靴に汚れやキズがなく、磨いてあるか？
- □ かかとは目立つほどすり減っていないか？

> 面接会場へ行く前に鏡の前でチェックしよう！

女性の身だしなみチェックポイント

女 性

ジャケット

色 黒、紺、チャコールグレー

サイズ ウェストがほどよく引き締まったもの。面接のときにサイズが気にならないもの

チェック

☐ スカートがしわになっていないか？

☐ 前合わせのボタンは全部とめているか？

☐ ポケットのフラップ（ふた）は入れるか出すか統一しているか？

☐ 丈が短くないか？
　※高校生の場合は学生服をチェック

髪型・顔・メイク

色 黒髪

長さ おでこと耳は出るようにする。長髪の場合、一礼して髪が顔にかからないようにまとめる

チェック

☐ ナチュラルメイクになっているか？
　※ネイルアートはNG

ブラウス

色 白

種類 ジャケットとの相性やえりの開き具合を見て、美しく着こなせるもの

チェック

☐ しわになっていないか？

☐ えりやそでが汚れていないか？
　※イヤリング・ピアス・ブレスレット・ネックレスなどの装飾品はNG

スカート・パンツ

長さ スカートは、座ってひざ上が出ない丈が目安

種類 丈が気にならないパンツスーツが無難。ミニスカートは避ける

チェック

☐ パンツスタイルの場合、折り目は美しく出ているか？

靴・ストッキング

色 靴は黒。ストッキングは肌の色に近いもの

種類 パンプスがベスト。ヒールなら3〜5cmと低めで疲れにくいものにする。ストッキングは柄のないもの。伝線に注意する

ハンカチやバッグも綺麗にしておこう！

言葉づかいのマナー

■ 失礼のないよう丁寧な言葉づかいを普段から心がけておく
■ 丁寧語、尊敬語、謙譲語を適切に使い分けられるようにする

ヘンな言葉づかいはマイナス印象

面接で自然に敬語を使えれば面接官によい印象を与えられます。しかし、敬語を使い慣れていない人は、急に使おうとしてもかえって不自然な言葉づかいになりがちです。面接官はすべての敬語の正しい用法を確認しているのではなく、相手に失礼のない「丁寧な言葉づかい」をできるかどうかを見ています。

自分・身内・相手の呼び方

まず注意したいのが「自分」の呼び方。必ず私と言う。父や母など家族、身内は「さん」をつけない。また、自分や家族の動作は謙譲語を使う。相手の人には「さん」をつけて、動作には尊敬語を使う。

一人称	○ 私 ✕ 俺、ぼく、自分	三人称	○ 父、母、兄、姉 ✕ 父さん、母さん、お兄ちゃん、お姉ちゃん

丁寧語

丁寧語は話し手(受験者)が、相手(面接官)へ丁寧な気持ちを表す言葉。語尾に「○○です、○○ます」をつける。「○○でございます」も丁寧語だが、通常の話し言葉にはそぐわないので避けよう。

✕ サッカー部に所属していた。　　✕ 私は映画観賞が好きだ。
○ サッカー部に所属していました。　○ 私は映画観賞が好きです。

尊敬語と謙譲語

尊敬語

尊敬語は、話題となる人物の動作・存在の主体を高め、話し手がその人物に敬意を表す言葉。「会う」を「お会いになる」のように「お（ご）～になる（なさる）」と変え、「休む」を「休まれる」のように動作に「れる・られる」をつける。

謙譲語

謙譲語は、自分の動作・存在の主体を低めて（へりくだる）、聞き手に対して話し手が敬意を表す言葉。たとえば、「会う」を「お目にかかる」、「休む」を「お休みさせていただく」というように「お（ご）～する（いたす）」と変える。

● よく使う尊敬語と謙譲語

語　句	尊敬語	謙譲語
言う	おっしゃいます	申します・申し上げます
する	なさいます	いたします
行く	いらっしゃいます	うかがいます・まいります
見る	ご覧になります	拝見します
いる	いらっしゃいます	おります
食べる	めしあがります	いただきます
知る	ご存じです	存じています・存じ上げます
聞く	聞かれます・お聞きになります	うかがいます・うけたまわります
読む	お読みになります	拝読します

CHECK 言葉づかいは慣れが重要

敬語の使い方は、言葉の種類を頭に入れておくとともに、日常生活でも使うように心がけるとよい。また、語尾伸ばし・語尾上げ口調や「めっちゃ」や「マジで」などの若者言葉、早口なども気をつけること。

わたしは
申し訳ございません
○○です

入退室の流れと立ち居振る舞い

■ 不安な表情を出さないように、明るく元気に振る舞う
■ 一つひとつの動作にメリハリをつけ、キビキビと動くように心がける

入退室は明るく元気に行おう

面接会場への入退室のときに印象をよくするには、メリハリのある行動がポイントになります。面接時の一連の動き「あいさつ→お辞儀→歩く」は、一つひとつ丁寧に行うことを心がけましょう。お辞儀をして、顔を上げないうちに席に向かう受験生がいますが、あまり印象はよくありません。

大事なことは、面接官に「この人は明るくて、元気がいい受験生だ」と印象づけることです。不安がにじみ出ているような表情や振る舞いは避けるようにしましょう。人々の生活や地域を支える公務員が不安な様子だと、住民も安心できません。面接官は「この人を公務員として安心して住民の前に出せるか」という視点でも受験者を見ているので、立ち居振る舞いに注意して面接に臨みましょう。

入退室時にやってはいけない立ち居振る舞い

☐ 足を引きずるように歩く
☐ 聞きとりにくいノック、必要以上に強いノック
☐ 後ろ手でドアを閉める
☐ あいさつの声が聞きとりにくく、元気がない
☐ 姿勢が悪く、お辞儀の角度が中途半端
☐ 面接官と視線を合わさない

よろしくお願いします…

入室から着席までの流れ

面接時の入室から着席までの流れをおさらいしましょう。お辞儀、歩く、あいさつを丁寧に区切って行い、キビキビした動作を心がけましょう。

入室

失礼します！

1	部屋にいる面接官に聞きとりやすいノックをする
2	「どうぞ」と言われたら、ドアを静かに開ける
3	入室前に元気に「失礼します」とあいさつをする
4	あいさつを終えてから、お辞儀をして入室する
5	ドアは振り返ってから、手を添えてゆっくり閉める
6	再び「失礼します」とあいさつし、お辞儀をする
7	入り口に近いイスの横まで進む
8	面接官に「受験番号○○番、○○です。よろしくお願いします」と元気よく言ってお辞儀をする
9	「どうぞ（おかけください）」と言われたら、「ありがとうございます。失礼します」と答え、再びお辞儀
10	お辞儀の後は顔をしっかり上げてから着席する このとき面接官に背中を向けないように注意

着席

CHECK 入退室の細かなポイント

● ノックの回数
- ☐ 面接官が気づく強さで2、3回ノックする
- ☐ ノックの後は最大30秒待つ、短時間でノックを繰り返さない
- ☐ ドアのない会場では、ノックの代わりに元気なあいさつをして入室

● あいさつ、お辞儀の仕方
- ☐ 明るさや元気さを念頭に、少し大きい声であいさつをする
- ☐ お辞儀をするときは、顔を下げる前と上げたときに面接官と視線を合わす

● カバンを持っているとき
- ☐ 片手でドアを閉めてもOK
- ☐ 肩かけカバンは、肩から下ろして片手で持つこと

面接終了から退室までの流れ

面接終了

1 面接官から「それでは、これで終了します。本日はありがとうございました」などと、面接の終了を伝えられる

2 着席したまま「はい。本日はありがとうございました」とあいさつする

3 イスの横に立ち「本日はお忙しい中、ありがとうございました」とあいさつし、深くお辞儀をする

4 ドアの横まで歩き、上半身だけでなく全身を面接官のほうへ向ける

5 「本日はありがとうございました。失礼します」とあいさつしてから、再びお辞儀をする

6 ドアを開けて退室する

7 入り口に立って振り向いてから軽くお辞儀をし、ゆっくりドアを閉める

退室

もしも「今日はうまくできなかった」と思っても、退室してドアを閉めるまで神経を集中! 面接官は心が折れずに立て直そうとする姿勢も見ています。

綺麗に見えるお辞儀を身につけよう

　綺麗に見えるコツは、それほど難しくはありません。一つひとつの動作にメリハリをつけることです。つまり「あいさつしながらお辞儀」「歩きながらお辞儀」など、「ながら」動作をしないこと。次の動作を意識しすぎていると、慌ててしまったり、過度の緊張で、ついつい行ってしまう人も少なくありません。鏡を見ながら、一つひとつの動作を確認し、身体で覚えるようにしましょう。

好印象を与えるお辞儀の仕方

1 あいさつする

○○と申します
よろしくお願いいたします

POINT

大きな声で明るく元気にあいさつする

2 腰から曲げて頭を下げる

時間 1秒

POINT

軽くおしりを後ろに突き出すイメージで腰から曲げて、頭から腰まで真っすぐになるようにする

3 頭を下げたまま静止する

時間 2~3秒

POINT

腰を軸にしてひらがなの「く」の字になるように意識する。頭を下げているときは、しっかりと静止する

4 頭を上げる

時間 4~5秒

POINT

腰から頭へとゆっくり身体を起こすイメージ。一呼吸の間を置いてから、面接官と視線を合わす

お辞儀をする7つのタイミング

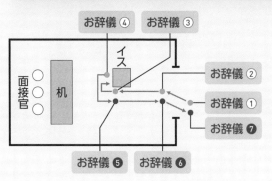

お辞儀 ④　お辞儀 ③

イス

面接官

机

お辞儀 ②

お辞儀 ①

お辞儀 ❼

お辞儀 ❺　お辞儀 ❻

左の図①~❼は、お辞儀をするタイミングを示したもの。①~④は面接前、❺~❼が面接後のお辞儀の場面。特に③の名乗るとき、❺・❻の面接のお礼を言う場面では、丁寧に深くお辞儀をしよう。

圧迫面接を乗り切る方法

- 圧迫面接はストレス耐性を見ているだけ、怖がる必要はなし
- 面接官の言葉をまず受け入れ、粘り強く誠実に対応する

冷静で辛抱強い対応力があるかどうか

面接の方法には、受験生の発言に揚げ足をとったり、常に否定する質問を繰り返し行う「圧迫面接」と呼ばれるものがあります。なぜ、このような面接を行うかというと、実際に仕事上でかかるストレスへの耐性を面接段階で確かめたいからです。そのため、間違っても怒りや不快感などのネガティブな発言をしてはいけません。「この人物はストレスを与えるとすぐ怒る」などと判断されてしまいます。実際の業務のときに、周囲から文句を言われるたびにケンカになってしまったら仕事になりません。もし面接官が嫌な質問をしてきたら「忍耐力と公務員志望への強い決心が、試されているんだな」と心に言い聞かせて、冷静に対応しましょう。

圧迫面接でよく投げかけられるフレーズ

揚げ足をとるフレーズ

意見や体験談の矛盾や説明不足を指摘したり、頭ごなしに否定し、受験生のストレス耐性を確認している。

繰り返される否定のフレーズ

受験生がどんなに誠実に答えても、面接官は話を受け流すかのように否定的な言葉を繰り返し、受験生のストレス耐性を確認している。

こういう状況では通用しないよね？

別の考え方もあるんじゃないの？

公務員に向いてないよ

その意見の根拠がないけど

熱意が伝わってこない

圧迫面接に関するよくある質問に答えます

 Q1 圧迫面接だとわかったら、どう対応すればいいですか？

A1 相手の発言は、まず受け入れましょう。むやみに反論するとさらに反対意見を言われます。「確かにおっしゃる通りです。勉強不足でした」などと意見を受け入れて、粘り強く受け応えしましょう。

 Q2 怯えて何も言えなくなってしまったら、どうすればいいですか？

A2 厳しい質問を受けて、中には黙り込んだり、泣いたりする受験生もいるようですが、少しでも質問に答えてください。面接官の発言は本心ではなく、受験者の志望の決心を見ていると受け止めましょう。もし動揺してしまったら、早く立ち直る姿勢を見せることが大切です。

 Q3 圧迫面接と判断できないときはどうすればいいですか？

A3 受験生が圧迫面接と感じても、実際には圧迫面接ではないということがあります。どういうことかと言うと、回答が漠然としている場合、具体的に何が言いたいのかを知るために、面接官は繰り返し質問します。その繰り返しの質問が受験生には圧迫と受けとられるのです。そのように圧迫面接なのか判断しづらいこともあるかと思いますが、感情的にならず、堂々とペースを崩さないようにしましょう。

CHECK わからない質問を何度もされたら？

知識不足で質問に答えられないときは、謝罪の姿勢を素直に表す。面接官はさらにたたみかけてくる場合もあるので、続けて質問をされた際の答え方を紹介しよう。

1回目 「申し訳ありません、勉強不足でした。早速、帰宅中に考え方を整理したいと思います」

2回目 「はい、申し訳ありません。それも知りませんでした。答えられるように勉強しておきます」

3回目 「本当に申し訳ありません。それも知りません。勉強不足だと痛感しました。今後の課題として、しっかり調べておきます」

重要なのは自分の非を認める「誠実な対応」。ただし、対応が卑屈になっても印象は悪いので、堂々と対応することを心がける。

陥りがちな失敗例

■ 自分以外の人にチェックしてもらい失敗につながるクセを認識する
■ 面接前の控室や面接後も気を抜かず、周囲に気を配る

ついやってしまう失敗

　日常のクセが抜けきらず、面接でついついやってしまう失敗があります。そのようなクセは、自分では気づかないことも多いので面接練習や面接ノートを周囲の人にチェックしてもらいましょう。クセ発見の一番有効な手段です。また、以下のよくある失敗例を確認し、同じ失敗をしないよう心がけましょう。

面接カード

失敗例

✕ 志望動機欄に誤字脱字がある
✕ 文字列が斜めになって読みづらい
✕ 読み返さないと主旨が伝わらない
✕ ふりがなの指示を守っていない

同じ内容でも、きれいに書けていればそれだけで点数が違う

身だしなみ

失敗例

✕ 見えにくい場所に寝癖がある
✕ スーツの前ボタンが全開である
✕ シャツにしわや黄ばみがある
✕ 靴にキズがあり磨いていない

不快感を与えない、清潔感のある身だしなみを心がけよう

言葉づかいとマナー

失敗例

✕ 自分以外の会話に関心が薄い
✕ 発言時にうつむいている
✕ 敬語の使い分けが適切でない
✕ 質問に対して質問で返す

質問にうまく答えられなくても、何とか答えようとする熱意が重要

入室～着席～退室

失敗例

✕ ドアを後ろ手で閉める
✕ うながされるまであいさつをしない
✕ 言葉と動作を同時にしてしまう
✕ 靴を引きずるように歩く

失礼します！

キビキビした動作が大切。日頃から自分の姿勢を意識しよう

圧迫面接

失敗例

✕ 怒りを露わにする
✕ 沈黙してしまう
✕ 言葉づかいが雑になる

それでも私は公務員になりたいです！

不快感などは見せず、前向きな姿勢を見せよう

面接官のチェックは、面接だけとは限りません。面接室に気さくに話しながら案内してくれた係員が、面接官だったケースもあります。控室や順番待ちの廊下でも、周囲への気配りは忘れないようにしましょう。面接後も同じようにキビキビとした態度を心がけましょう。

合格者インタビュー ③

● 面接で失敗してもあきらめなくてよかったことはありますか？

 身だしなみが乱れていたのを指摘された

　面接の当日、あわてていて寝癖がついたままの髪で面接に臨んでしまいました。また、靴も磨くのを忘れていて、この2点をキツい感じの面接官に指摘されてしまい、もうダメかもしれないと思いましたが、あきらめずにアピールを続け、何とか採用されました。身だしなみなどは印象に残るので、気をつけたほうがいいと思います。

 控室で話し込んでいたのを注意された

　面接の控室で知人を見つけたので、ついつい話し込んでしまいました。それを係員の方に注意され、受験番号までメモされたので、これで落とされたかと思いましたが、面接ではあきらめずに元気よく受け応えした結果、何とか採用されました。ちょっとしたミスでくよくよせず、最後まであきらめないで意欲をアピールするのが大事だと感じました。

 一つの回答が長くなりすぎた

　意気込んで面接に臨んだため、志望動機を聞かれたときに長々と一人でしゃべり続けてしまいました。自分としては満足していましたが、面接官の様子を見たところ、あまり反応がよくなく、飽きているような雰囲気。失敗したと気づいて、その後は簡潔にわかりやすい回答を心がけました。すると、面接官と対話するようなやりとりになって、和やかな雰囲気に。何とか挽回できて採用につながりました。

Chapter 3

自分の答えを
つくる方法

面接試験は、筆記試験や体力試験と違って、決められた答えや判断基準がはっきりしていません。つまり、模範回答を覚えていっても意味がないのです。与えられる質問に対して、いかに自分らしく答えられるか、その準備の仕方を紹介します。

自分の回答を準備する

- ■ 自分の言葉で話せる、自分にとってのベスト回答をつくろう
- ■ とにかくネタを挙げられるだけ出し、優先順位をつけてみよう

自分の回答は自分でしかつくれない

「面接官に好印象を与える」ことばかりを考えると、「自分の回答」へのハードルが高くなってしまいます。面接官は「正解」を求めているわけではありません。あたながどんな人で、一緒に働く仲間としてふさわしいかどうかを見極めたいのです。大事なのは、自分のことを自分の言葉で面接官にわかるように伝えること。相手に伝わる回答は、借り物ではつくれません。苦労しながら自分史を磨いていくことで、必ず自分らしい、オリジナルの回答がつくれます。ここでは回答づくりの具体的な方法を紹介します。基本をしっかりと習得して、「オンリーワン」の回答をつくっていきましょう。

伝わる・説得力のある回答をつくる4ステップ

説得力のある回答にするには、「具体性」が何よりも重要。まずは自分の性格や体験をブレインストーミングで「いらない話」も含めて出しきり、それを基にして整理し、説得力のある回答にグレードアップさせよう。

STEP 1 ブレインストーミング
思いつく限り、自分のことを書き出す

STEP 2 5W1H
6つの質問で情報を整理してから回答をつくる

STEP 3 新聞記事を要約する
表現方法、表現のポイントを学ぶ

STEP 4 模擬面接で練習
本番を想定した練習を繰り返して、どんな質問にも回答できるようにする

STEP 1 ブレインストーミング

　ベストな回答をつくる最初のステップが「ブレインストーミング」です。集団で自由に意見を出し合って新しいアイディアを生み出す発想法のことで、他者の刺激でより意見が活発化するのですが、一人でも行えます。とにかく思いつく限り、時間を区切って次々とスピーディーに出してみましょう。

ブレインストーミング手順

❶ とにかく深く考えず、気軽に書く。誰かに見られるわけではないので、頭に思い浮かぶままを短いセンテンスで書き連ねていく

❷ 面接に使えるかどうかではなく、強く印象に残っている事柄を飾らずに書く

❸ 制限時間を10分にし、集中する。そうすることで突然思い出すこともある

❹ 手が止まった時点で終了する。勢いがつけば10分を超えても構わない

手順具体例 Aくんのブレインストーミング

　大学生Aくんは、「力を注いだことは何ですか?」という質問の回答づくりのために、ブレインストーミングでとにかく思いつくことを書き出してみました。

- アルバイト（ファミレス）
- アルバイト（家庭教師）
- アルバイトで貯めたお金での中国旅行
- 英検の勉強（2級に落ちた）
- 刑法の授業（法律が難しかった）
- 英語の授業（宿題が多かった）
- 通学時間が長い……片道2時間
- テニスサークル（最初の1年だけで幽霊部員になってしまった）
- ゼミの日本外交史について（人前での発表に緊張した）

　ネタに困った日には、早めに切り上げてぐっすり寝ること。頭がすっきりした翌日、再び取り組んでみましょう。学生生活を通じて、自分の心に残った出来事を一つでも多く出していきます。挙げられるだけネタを出した後、そこから優先順位をつけていきます。

優先順位をつける方法

❶ ブレインストーミングで書き出したネタのすべてに、A~Dのランクをつけてみる
❷ 一番ランクが高いものを選ぶ。最上位ランクのネタが複数ある場合は、その中で
さらに優先順位をつけ、最上ランクのものを選ぶ。

● ランクづけの目安

Aランク とても○○なもの
「とてもがんばったな!」「とても充実していたな」と思うネタ

Bランク 少し○○なもの
「まあまあがんばったな」「かなり苦労したな」と思うネタ

Cランク 判断に迷うもの
Bでもなく、Dでもなく、判断しづらい迷いのあるネタ

Dランク まったく○○でないもの
「楽だったな」「困難ではなかったな」と思うネタ

手順具体例 **Aくんが書き出したネタをランクづけ**

　ブレインストーミングでネタを書き出したAくん。次は、すべてのネタに面接で使え
そうなものを選別し、A~Dのジャンル別に分けていきます。

Ⓑ アルバイト (ファミレス)
Ⓑ アルバイト (家庭教師)
Ⓐ アルバイトで貯めたお金での中国旅行
Ⓑ 英検の勉強 (2級に落ちた)
Ⓑ 刑法の授業 (法律が難しかった)

Ⓒ 英語の授業 (宿題が多かった)
Ⓓ 通学時間が長い……片道2時間
Ⓓ テニスサークル (最初の1年だけで幽霊部員になってしまった)
Ⓑ ゼミの日本外交史について (人前での発表に緊張した)

優先順位がつけられたら、次のステップに進みます。「達成したいと思った」「大変だった」「充実していた」とジャンル分けすると、優先順位がつけやすくなるでしょう。この段階ではランクの数に偏りがあっても構いません。

STEP 2 5W1Hで回答づくり

5W1Hとは「何を（What）、誰が（Who）、いつ（When）、どこで（Where）、なぜ（Why）、どのように（How）」という6つの情報。これを押さえれば、言いたいことをわかりやすく伝えることができます。Chapter4~6の面接質問に対し、5W1Hを押さえた回答をつくる練習をしましょう。

5W1Hの手順

❶ 面接質問を用意し、紙にWhat、Who、When、Where、Why、Howと書く

❷ その横に、自分の経験をあてはめて5W1Hの答えを書き出す

❸ 書き出した答えをつなげて一つの文章になるよう回答をつくる

手順具体例 Bくんの5W1H

ここでは「力を注いだことは何ですか？」という質問に対する回答づくりに悩む高校生Bくんの例を見てみます。次のようなことを書き出しました。

WHAT 何をやった？
ディフェンダーとして、前半に取った1点を守り切って勝った。

WHERE どこで経験した？
県の総合グラウンドで。

WHO 誰が？
私が。

WHY なぜそうできた？
2年間の苦しい練習を乗り切ることで、体力も精神力も鍛えることができたから。

WHEN いつの話？
高校2年の秋、高校選手権の県大会の準々決勝で。

HOW どのようにそれをやった？
仲間と連係し、指示を出し合いながら、最後は気力で走って守った。

組み合わせる方法

まず、書き出した6つのポイントを並べて、それらを組み合わせて一つの文章にまとめてみる。内容によっては、無理に6つの要素を全部使わなくてもよい。その一つの文章を柱にして、アピールしたい部分、説明不足の部分を加えていく。

手順具体例 Bくんの5W1H回答を組み合わせる

「サッカー部でのエピソード」について、5W1Hの質問で出てきたBくんの回答。これらを組み合わせることで、自己PRに活用できる文章としてまとめてみよう。

● ディフェンダーとして、前半に取った1点を守り切って勝った。

● 私が。

● 高校2年の秋、高校選手権の県大会の準々決勝で。

● 県の総合グラウンドで。

● 2年間の苦しい練習を乗り切ることで、体力も精神力も鍛えることができたから。

● 仲間と連係し、指示を出し合いながら、最後は気力で走って守った。

文章にまとめてみる

　　私は高校ではサッカー部に所属していました。そこで一番思い出に残っているのが、高校2年の秋に行われた高校選手権の県大会の準々決勝で勝ったことです。その試合は、サッカーで有名な■■高校が相手だったのですが、私はディフェンダーとして起用され、仲間が前半に取った1点を守り切って勝つことができました。強い相手だったので厳しい試合展開だったのですが、仲間と連係し、指示を出し合いながら、最後は気力で走って失点を防ぐことができました。それは、放課後の練習のほか、毎日仲間と自主的に朝練も行って走るスピードを上げるなど、2年間の苦しい練習を乗り切ることで、体力も精神力も鍛えることができたからだと思います。困難があっても、持ち前の精神力を活かし、市民の方が安心して暮らせる街づくりを行っていきたいです。

❶ 具体的な数字があって、わかりやすい。

❷ 具体的な理由があり、説得力がある。

面接官の気持ちを惹きつけるためには、目の前に情景が思い浮かぶように、具体的にわかりやすく話をすることが大切。それには、5W1Hを使って考えるのが有効だ。一つのエピソードを深く掘り下げ、面接官に存分にアピールできるようにしよう。

STEP 3 新聞記事を要約する

　自分の言いたいことをわかりやすく伝えるには練習が必要。効果的なのが新聞記事の要約です。時事問題などの記事を半分くらいの量に縮めてみて、できた文章を友人や家族、学校の先生などに見てもらって意見を言ってもらえば、言いたいことを伝える力や作文力を養成できます。10回以上は練習を。

新聞記事要約の手順

❶ 段落ごとに必要な言葉を抜き出して、それを組み合わせて文章にする

❷ いくつかの特徴や事実が並べられているときは、一言でまとめる

❸ 具体的な名前や数字は、必要なものと不要なものに分けてピックアップ

❹ まとめるときは5W1Hにあてはめながら書いて、読み直して修整する

手順具体例 Cくんの新聞記事要約 その①

新聞やニュースサイトに掲載されている記事の中から、時事問題を扱った記事やコラムなど、適当な長さのものを選んで、半分くらいの量に縮めてみる。

新聞記事

　経済協力開発機構（OECD）のアンドレアス・シュライヒャー教育・スキル局長が27日、東京都内の日本記者クラブで会見を行い、OECDが9年ぶりに作成した日本の教育政策に関する報告書の説明を行った。この中で、子供のネット依存増加に懸念を示した。

　報告書では15歳以下の子供に対する調査で、スマートフォンなどを通じたインターネットから離れると「不安に陥る」の回答が男女ともに約半数を占めた。シュライヒャー氏は、先進国の中で日本は比較的低い数値ではあるものの、ネットに依存する子供は年々増加していると指摘。「今は知らないことをネットで検索する時代だが、それが正しい情報かを検証することは難しい」と述べた。－静岡新聞より－（295文字）

要約

　OECD（経済協力開発機構）は、子供のネット依存に関する懸念を示した。報告書では15歳以下の子供でインターネットから離れると「不安に陥る」という回答をしたのは、約半数を占めた。また、日本は比較的低い数値であるもののネットに依存する子供は年々増加していると指摘した。（131文字）

手順具体例 **Cくんの新聞記事要約 その②**

　文字量をいきなり半分に要約するのが難しければ、まず、重要な部分を箇条書きにしてみるとよい。そこから選びながら組み合わせれば、文章もつくりやすい。

新聞記事

　経済協力開発機構（OECD）のアンドレアス・シュライヒャー教育・スキル局長が27日、東京都内の日本記者クラブで会見を行い、OECDが9年ぶりに作成した日本の教育政策に関する報告書の説明を行った。この中で、子供のネット依存増加に懸念を示した。

　報告書では15歳以下の子供に対する調査で、スマートフォンなどを通じたインターネットから離れると「不安に陥る」の回答が男女ともに約半数を占めた。シュライヒャー氏は、先進国の中で日本は比較的低い数値ではあるものの、ネットに依存する子供は年々増加していると指摘。「今は知らないことをネットで検索する時代だが、それが正しい情報かを検証することは難しい」と述べた。－静岡新聞より－（295文字）

要約

・経済協力開発機構（OECD）が日本の教育政策に関する報告書の説明を行った。
・アンドレアス・シュライヒャー教育・スキル局長が説明を行った。
・15歳以下の子供に対する調査
・子供のネット依存増加に懸念
・インターネットから離れると「不安に陥る」が男女ともに約半数を占めた。
・先進国の中で日本は比較的低い数値
・ネットに依存する子供は年々増加している
・今は知らないことをネットで検索する時代
・ネットの情報が正しい情報かを検証することは難しい

 本書掲載回答例も要約してみる

　新聞要約は、わかりやすい文章のつくり方を学びながら、時事問題への準備にもなるオススメの訓練法。本書のQ&A（P.74~139）の「本気度が伝わる回答例」の要約もオススメだ。要約することで、なぜこれが「伝わる回答例」なのか、そのポイントが見えてくる。どういった要素が含まれているのか、自分の回答と見比べてみるのも効果的である。

STEP 4 友人や家族に頼んで模擬面接で練習

　STEP1~3を何度か繰り返し、面接ノートをつくってまとめれば、少しずつ自分の回答ができてくるはず。そこまで準備ができたら、最後に本番の面接に近い状況での練習を積みましょう。友人などに面接官の役をしてもらい、想定される質問をしてもらって答える、というロールプレイングです。

模擬面接の手順

❶ 本書のQ&A（P.74~139）やP188~190のよく出る過去質問集など、質問を用意

❷ 友人や家族などに面接官役をしてもらい、質問に答える

❸ 気になった点やあいまいな回答にも突っ込んでもらい、だめなところは改めて準備

❹ 1回15分を何度も繰り返せば、どんな突っ込みにも慌てず対応できる

手順具体例 Dくんと友人の模擬面接

　模擬面接（ロールプレイング）は、面接度胸をつけるうえでもとても大切。少し気恥ずかしいかもしれないが、公務員になりたい気持ちが強ければできるはずだ。

友人（面接官役）
なぜ○○○市の公務員を志望するのですか？

Dくん
はい！　まず1つ目には自分が生まれ育った街だからです。
この街の人や建物や自然に愛着があり、………

友人（面接官役）
では、なぜ○○市も併願しているのですか？

Dくん
はい！　それはどうしても市役所の仕事に就きたいからです。
私は小学生の頃から街づくり運動に参加、……………

模擬面接の様子はビデオやスマートフォンで録画して、後で自分の受け応えを客観的に見てみましょう。言いたいことが言えていなかったり、意外に声が小さかったり、姿勢が崩れてきたりと直すべき点がたくさん見つかるはずです。

面接官のホンネ ①

 一緒に働きたいと思える人物かどうかが基準

面接では、「この人と一緒に働きたい」と思えるかどうかを基準に、いろいろな質問をしています。どうしても自分を普段以上に見せようとする受験生が多いですが、過去に採用した人物の面接での対応と、採用後の姿を知っているので、実際にはどの程度意欲があるのかは話をしてみればだいたいわかります。ですから、苦労したことや趣味の話など、本当の人柄が表れるような話を聞きたいですね。

 マニュアル通りの回答は減点している

何度か面接を務めると、マニュアル通りの模範回答をされるとすぐにわかるようになります。そうした回答をされると、本心での志望ではないだろうと感じますし、時間を割いて面接しているこちらがバカにされているようで腹立たしく感じます。なのでマニュアル通りの回答には減点しています。その人の人柄を知りたいと思って面接しているので、気持ちが伝わる本音の回答をしてほしいですね。

模範回答は嫌われていて、大きく減点される可能性があるから気をつけましょう。自分をつくろいすぎず、自分の人柄を伝えられるエピソードをしっかりと準備しておくこと。通学に2時間かかる山の中に住んでいる受験生は、無遅刻無欠席だった話をするだけで、どの面接でも感心されて盛り上がったそうです。趣味や部活動の話も盛り上がりやすいので、積極的に話題にしてみましょう。

Chapter 4

自分の言葉でつくる ベスト回答

― 自己PR・意欲編 ―

面接では、さまざまな質問が投げかけられますが、それぞれの質問の裏には何かを明らかにしたいという面接官の目的があります。Chapter 4では、受験者の長所や公務員の仕事に対する意欲を探る質問について、どのような回答の仕方があるのか見ていきましょう。

自己PRのつくり方

■自分の長所を面接官にわかりやすく伝えたい
■長所を具体的に示せるエピソードを用意しよう

面接のメインとも言える自己PR

　自己PRは、自分の長所を面接官にわかりやすく伝えるもの。短い時間で「この人のことを知りたい」「この人と働きたい」と思わせるものを用意しなくてはなりません。そのためには、まず過去の経験を思い出したり、人の意見を聞いたりして、自分の長所をリストアップします。それができたら、それらの長所の中で一番いいと思うもの、あるいは面接官に一番受けそうなものを一つ決めましょう。そして、その長所を自分が持っていることがわかるよう、具体的なエピソードを通して伝えられるようにします。言葉づかいは背伸びしすぎず自分の言葉で、また前向きではあっても自慢げには聞こえないように、話す練習をしましょう。

自己PRをつくるためのステップ

　何の準備もなしに、いきなり「自己PRをつくろう！」と考えてみても難しい。次ページで具体的に説明する3つのステップを順にこなしていけば、面接官に伝わりやすい自己PRをつくることができるはずだ。

STEP 1 自分の体験をリスト化する（ブレインストーミング）

STEP 2 自分の長所を挙げて、一つに絞る

STEP 3 自分の長所を説明できるエピソードを選ぶ

STEP 1　ブレインストーミングで自分の体験をリスト化

過去3年間くらいで自分が経験したこと、意図して体験したことなどを思い出し、箇条書きでよいのでリストアップします。できれば一人でやるのではなく、家族や友人と話しながら一緒に思い出してもらうと、客観的な意見が聞けてオススメです。

(例)

部活：サッカー部 ── 県大会出場
　　└ 部長になる

アルバイト：コンビニ ── バイトリーダー
　　└ トラブル解決

STEP 2　自分の長所を挙げて、一つに絞る

リスト化した体験を見ながら、自分の「長所」を挙げていきます。その中からもっともアピールできそうなものを一つだけ選びます。自己PRでは長所を一つに絞り、しっかりとアピールしたほうが相手に伝わりやすいです。数多く挙げると印象が薄くなります。

✖ダメな例

私はコミュニケーションが得意で、真面目で、辛抱強く〜

受験生のキャラクターが見えづらい

STEP 3　自分の長所を説明できるエピソードを選ぶ

自己PRで話す長所を一つ決めたら、それを具体例で説明できるエピソードを用意します。たとえば、「責任感が強い」という長所と「サッカー部の部長を務め、チームを引っ張り、その結果、県大会でベスト4になった」という話を結びつけ、自分の言葉で話す練習をしましょう。

長所は「責任感が強い」

↓

サッカー部で部長を務めた

自己PRで長所を話すと短所を聞かれることがありますが、そのままの短所を答える必要はなく、長所が「真面目で一生懸命」なら「真面目すぎて堅物といわれる」など、長所の裏返しのような無難な話で乗り切りましょう。

Q.01 自己PRをお願いします

質問の狙い！ 面接官は受験生と初対面です。この受験生にどんな特徴があるのかを端的に知りたがっています。同時に自己分析がしっかりできているかについても判断します。

ダメな回答例 ❌

❌ **具体性がなく、説得力がない**

私は小学生の頃よりサッカーをやっていて、高校でもサッカー部に所属していました。スポーツが強い学校ではありませんでしたが、<u>めげずに練習に励んでいました</u>。<u>部員はたくさんいました</u>が、スタメンに選ばれることもあり、<u>たぶんそういった自分のがんばりが認められた結果</u>だと自負しています。公務員になってもがんばります。

❌ **例がなく抽象的なので、どうがんばったのかが見えてこない**

NGワード

「別に」「たぶん」など
あいまいな表現はNG。中途半端な発言はウソ、怪しいといった印象を与えてしまう。

✋ ワンポイントアドバイス

数値（何年間や何回など）や固有名詞（「犬」ではなく「ブルドッグ」など）を入れて、エピソードに具体性を持たせることが重要。サッカーの経験年数や部員数、何をどうがんばって、結果としてどういう評価や功績を得たのかなど、具体的な説明が抜け落ちないよう注意しよう。

フォローアップ

発展質問	「ほかにも自己PRがあれば教えてください」
狙い	追加で質問することで受験生のほかの特徴を探るのと同時に、本心も見ている。
答え方	動揺せず、同じようにエピソードを交えて、自分の長所を伝えよう。

本気度が伝わる回答 ○

はい！ 責任感があり、努力家であるのが私の強みです。【面接官：その根拠は？】小学6年生から高校3年生までサッカー部に所属していました。高校では強いチームではありませんでしたが、他校に負けない練習メニューを研究し取り入れ、結果、黒星続きだった試合でも勝てるようになりました。【何か学んだことはありますか？】この経験を通じて私は、責任感と努力し続けることの大切さを学びました。○○市職員になっても、成長し続けて○○市民の住みやすい街づくりに貢献していきたいと思っています。

① ─┐ （右上）

②　──┐ （左側）

本気度が伝わるステップアップ

① 結論を先に述べている

プロセスを説明するより結論を先に述べることで、話がわかりやすくなっている。また、「何についての話か」「何をして何を得たのか」ということを順序立てて話しているので、聞いている側はより理解がしやすくなる。また、質問に答えるときは「はい！」と元気に返事しよう。

② 力を入れた理由と具体的にやったことを説明

「練習試合でも勝てるようになった」、「練習メニューを研究した」などの具体例を用いているのでリアリティが出ている。注意したいのは一番最近（大学生なら大学時代、高校生なら高校時代）のエピソードを語ること。

5W1Hでつくる自分の回答 「自己PR編」

		一回答メモー
WHAT	あなたの強みは何ですか？	
WHO	誰がその強みを評価してくれましたか？	
WHEN	いつその強みを発揮しましたか？	
WHERE	どこでその強みを発揮しましたか？	
WHY	なぜそれを強みだと思うのですか？	
HOW	どのようにそれを仕事に活かしますか？	メモを組み合わせて回答をつくろう！ 回答のつくり方は→P.61〜

Q.02 あなたの長所と短所を教えてください

質問の狙い！ 自治体の組織の中で、うまくやっていける人物かどうかを判断しながら、自己PR同様に自己分析がしっかりとできているかについて見ています。

ダメな回答例 ✕

✕ 仕事で活かせるかどうかの判断材料となる長所の具体例を述べていない

私の長所は、<u>努力家であること</u>です。サークルでも、ほかの人より働いてうまく運営できるように努力してきました。短所は、<u>弱腰で嫌なことから目を背けてしまう</u>ところです。サークルで何かトラブルがあったとき、一度その場から離れ、事態が落ち着いた頃に再び戻りました。ただ、きちんと謝り、みんなのフォロー役として、持ち前の明るさを活かして円満になるよう努めていました。

✕ 明らかに自治体職員に向いていない短所を述べている。トラブルから逃げて、事態をより深刻にしてしまうのではないかという印象を抱かせてしまう

ワンポイントアドバイス

長所を少し長めに、短所はあっさりが基本。長所の言いたいことは一つに絞ってアピールすること。短所は明らかに「私は自治体職員に向いていません」という告白にならないように。短所は誰にでもあるものなので「短所はありません」と言うのもNG。自分を客観視して短所を把握し、短所を述べた後は、その克服への具体的な努力も伝えられるようにしよう。

フォローアップ

発展質問　「短所を克服しようとした結果は？　最近その短所が出た経験は？」

狙い　短所に対する取り組み方を確認することで、面接のためにつくったウソの短所かどうかを確認しようとしている。

答え方　「はい、視野が狭くならないように、大学ではスケジュールを意識して取り組むようにしていました。スケジュール帳を見る回数を増やし、結果、アルバイトやサークルが忙しい時期も試験やレポートを無事乗り越えることができました」など、きちんと成長している印象を与えたい。

はい！　私の長所は、粘り強く目標達成のためにコツコツと努力ができる真面目さです。【面接官：なぜそう思うのですか？】私は小学6年生から高校まで野球部に所属しており、レギュラーを目指して弱点を修正し、レベルアップできるように取り組み続けた結果、レギュラーになることができました。【あなたの短所を教えてください】短所は、物事に熱中しすぎることです。レギュラーになるために野球中心の生活を送り、一時は学業がおろそかになることがありました。ですから、対策として練習と勉強の時間をはっきりと区切り、ダラダラしないよう切り替えを意識し続けています。

① 具体的な体験とともに公務員に適した長所を述べている

「粘り強く」、「コツコツと努力」など、公務員の職務に役立つ長所を述べている。さらにその長所があることを裏付ける小学校〜高校の野球部時代の体験を答えたことで、説得力を高めている。

② 短所は無難なものを選び、その改善策も答えている

「熱中しすぎて学業がおろそかになった」という短所の反省と克服の姿勢を見せることで、面接官を安心させようとしている。面接官が不安に思いそうなことを述べたときは、質問される前に自分でフォローしよう。

5W1Hでつくる自分の回答 「長所・短所編」

		一回答メモー
WHAT	あなたの長所と短所は？	
WHO	誰がその長所・短所を評価しましたか？	
WHEN	いつそれが長所・短所であると思いましたか？	
WHERE	どこでその長所・短所が表れましたか？	
WHY	なぜそれが長所・短所だと思うのですか？	
HOW	どうやってその短所を改善しますか？	メモを組み合わせて回答をつくろう！　回答のつくり方は→P.61〜

Q.03 上司と意見が合わない場合はどうしますか?

質問の狙い! 職場でよい人間関係を築けるかどうかを確認し、謙虚さや素直さを備えていて、上司から学ぶ姿勢があるかなどを見ています。

ダメな回答例 ✕

> ✕ 必要以上に上司に不信感を持つような、自己中心的性格に聞こえる

そういう場合は、とことん話し合います。【面接官：それはなぜですか?】<u>上司でも間違っているかもしれないので、それを確認しないといけないと思うからです。</u><u>上司の言うことに自分が納得できないのに、それに従うのでは、いい仕事ができるかどうかわかりません。</u>

 NGワード 「上司は絶対なので服従します」など

> ✕ 独りよがりで協調性がない印象を受ける

協調性がないのもダメだが、受け身で自分の考えがまったくないように感じさせる発言もNG。ほどよくバランスがとれることを伝えたい。

ワンポイントアドバイス

自分の意見に固執しすぎても、相手に従順すぎてもよくない。柔軟性があり、上司やまわりと協調しながらやっていける人間であることをアピールしたい。組織における上司と部下の関係がどういうものかを理解していることも大切だ。

フォローアップ

類似質問 「上司が年下だとしても問題ありませんか?」

狙い 年齢や性別に関係なく、素直に上司の指示に従う姿勢があるかどうかを見ようとしている。

答え方 組織では、年下の上司がいることも多い。どんな相手でも、自分より経験がある人には学ぶ姿勢が大切。「仕事では年齢は関係ないと思うので、問題ありません。部下としてがんばりたいです」などと答えよう。

本気度が伝わる回答 ◯

はい！　もし意見が合わないことがあったとしても、まずは上司の指示に従っ──①
て仕事をします。【面接官：それはなぜですか？】はい。上司の意見を反対
してまで自分の行動を通せるほどの経験や知識が十分にないからです。で
すので、まずは指示に従って行動し、まだ納得できないことがあったら、よく
考え、自分が間違っていたとわかれば、反省して改善していきたいです。もし、
まだ疑問に思うことがあったとしたら、折をみて上司にお話ししたいと思いま
②──す。高校時代も部活の先輩と意見が対立したことがあったのですが、そ
のときもまずは先輩の指示に従い、自分が間違っていたとわかったこと
があります。謙虚な気持ちを心がけながら、職場で成長していきたいです。

本気度が伝わるステップアップ

① まずは上司に従う姿勢を見せる

最初に「上司の指示には従う」という謙虚さを見せること。素直に仕事に取
り組み、その後でまた考える、という姿勢が重要。

② 同じような体験談を語り、話に説得力を持たせている

過去に同じような経験があれば、その体験と、そこから得た教訓を話すこと
で、説得力が増す。そういう経験がない場合は、「上司の意見を聞いて成長
していきたい」など、仕事への意欲をアピールすること。

5W1Hでつくる自分の回答 「上司編」

WHAT	上司の指示に従ううえで何が大切ですか？	―回答メモ―
WHO	尊敬する先輩や上司はいますか？	
WHEN	いつ上司には従うべきだと思いましたか？	
WHERE	どこで上司には従うべきだと思いましたか？	
WHY	なぜ上司の指示に従うと決めたのですか？	
HOW	どのように上司の指示に従いますか？	メモを組み合わせて回答をつくろう！　回答のつくり方は→P.61～

Q.04 学生時代に特に打ち込んだことは何ですか?

質問の狙い! 目的意識を持って生きてきたか、またそれを達成する能力や意欲があるか、有意義な学生生活を送ってきたかなどを見ようとしています。

❌ 数字だけ並べてもエピソードがないため、人間性が見えない

そうですね……。小学校時代から大学4年まで、16年間バレーボールをやってきました。大学ではサークルでしたが、30人のメンバーと週に3回は練習していました。長い間がんばってきたので、大変な仕事でも耐えられると思います。努力家で協調性もあります。

❌ 根拠となるエピソードがないので、アピールが弱い

NGワード

「好きな趣味はがんばりました」など

好きな趣味や遊びならがんばれるのは当たり前。クラブやサークル活動ならトレーニングや組織をまとめた話、勉強やボランティア、アルバイトなどの話をしたい。

ワンポイントアドバイス

この質問は面接で聞かれやすくPRもしやすいので、しっかりと準備しておきたい。ポジティブな印象を与える話を、自信を持って話せるように答え方をまとめておこう。具体的にどんな活動をしてきたか、打ち込んだ理由、何を得たかなどを、自分の言葉で語れるようにしよう。

フォローアップ

発展質問	「そのほかに力を入れたことはありますか?」
狙 い	一番力を入れたこと以外も聞いて、どんな学生生活を送ったか詳しく知ろうとしている。
答え方	最初に話したことと同様の流れで、具体的な内容とその理由、得られたことなどを話せばいい。話を一つしか用意していなかったら戸惑うかもしれないが、冷静に思い出して答えよう。

本気度が伝わる回答 ◯

はい！　私は中学校から大学までずっとフットサルをやってきて、大学時代は3年のときにサークルのキャプテンになりました。【面接官：それから何を学びましたか？】一つひとつの小さなことを見直し、練習では効率的にすることの重要性を学びました。公務員になっても、時間をかけてやっていたことがあまり意味がなく、ほかの方法のほうがよかった、ということがないよう、学んだことを活かしていきたいです。【具体的なエピソードを教えてください】はい。入部当初は決められた練習メニューをこなすだけでしたが、それだけでは勝てないと気づき、練習試合を頻繁に入れるようにし、その際に自分たちの弱点を洗い出し、それを克服するための練習メニューをつくり実践する、ということを繰り返しました。その結果、市内のトーナメント戦で優勝することができました。

本気度が伝わるステップアップ

① 力を入れたことを最初に明確に話している

学生時代に力を入れたことを最初に明確に話し、わかりやすく展開している。

② 学んだことが明確に述べられている

学んだことに加えそれをどう仕事に活かしたいかについても述べているので意欲が感じられる。エピソードを盛り込んでいるので説得力もある。

5W1Hでつくる自分の回答 「学生時代に打ち込んだこと編」

WHAT	力を入れてやっていたことは何ですか？	─回答メモ─
WHO	それは誰とやっていましたか？	
WHEN	いつそれをやっていましたか？	
WHERE	それをどこでやっていましたか？	
WHY	なぜそれをやっていたのですか？	
HOW	どのようにそれをやっていましたか？	メモを組み合わせて回答をつくろう！　回答のつくり方は→P.61〜

 アルバイトは何かやっていましたか?

質問の狙い! 受験生の職業観や社会観、アルバイト経験を通じて、どう成長したかを確認しています。

ダメな回答例 ✗

✗ 学生の本分は学業。学業をおろそかにしているのでは?という印象がある

えーと。ここ1年くらいは、コンビニエンスストアで働いています。勉強になることも多いですし、お金が稼げるので働くことが楽しく、学校が終わったらすぐに出勤するようにしていました。そのおかげでお金もたくさん稼ぐことができ、貯金もできました。働くことの大切さはほかの人より知っているつもりです。

✗ 努力や工夫、失敗話がなく「逆境に弱いのでは」とも受けとられる

NGワード 給料・金銭面のこと
お金を稼ぐことは大事だが、そればかりが目的だという印象を抱かれてしまいがち。それよりも別の長所などをアピールするほうがよい。

ワンポイントアドバイス

アルバイト経験は自己PRになるが、学生の本分は勉強。きちんと両立したことを伝えたい。また、あれもこれもと自慢をしないように注意したい。絶対これは言っておきたいことを一つに絞って、具体的なエピソードを通してアピールしよう。

フォローアップ

発展質問 「何のためにアルバイトをするのですか?」

狙い 学生の本分をどうとらえているか、お金に対する執着など、受験生の価値観を確認している。

答え方 学業と両立しながら、社会感覚を身につける目的であることを述べる。お金が目的なら、家庭の事情などきちんとした理由を伝える。

本気度が伝わる回答 ◯

はい！　コンビニエンスストアで2年間アルバイトとして働いていました。【面接官：どんな感想を持ちましたか？】はい。最初は言葉づかいなどの接客面でミスがあり、店長にも厳しい言葉をいただきました。【どう克服しましたか？】①出勤したときのあいさつ、先輩と会話するときの言葉づかいを意識して、身体で覚えるようにしました。すると店長からの指摘も少なくなり、先輩たちとも親しくなりました。あいさつや礼儀は、接客、コミュニケーションの②基本だと学びました。学業がおろそかにならない程度に抑えたアルバイトでしたが大事な経験になりました。

本気度が伝わるステップアップ

① アルバイトの経験を通じて、何を身につけたかを述べている

言葉づかいで失敗したことを述べ、それをどう克服したのかエピソードを交えているので、説得力がある。また、どう成長したかもわかる。社会では当たり前の礼儀や言葉づかいを学生のうちに身につけたこともアピールになる。

② 勉学についても触れている

「学業がおろそかにならない程度」と、あくまで学生の本分は勉強であり、それを忘れてはいけない、ということもアピールできている。

5W1Hでつくる自分の回答　「アルバイト編」

		一回答メモー
WHAT	アルバイトから何を得ましたか？	
WHO	誰があなたを評価しましたか？	
WHEN	いつからアルバイトを始めましたか？	
WHERE	どこで働いていましたか？	
WHY	なぜあなたはアルバイトで得られたことが重要と思うのですか？	
HOW	そのアルバイト経験をどのようにして仕事に活かしますか？	メモを組み合わせて回答をつくろう！　回答のつくり方は→P.61～

Q.06 大学のゼミはどのような内容のものでしたか?

質問の狙い! 学業に取り組む姿勢から、仕事に対する意欲や目標達成能力があるかを確認しています。また、公務員に適した考え方をできるかどうかを見ています。

ダメな回答例 ✗

✗ ゼミに所属していないというだけで不利に。面接官を納得させる理由をしっかり伝えよう

私はゼミには所属していませんでした。【面接官:なぜ所属しなかったのですか?】ゼミに入ることは検討していたのですが、私の学科にはあまり興味を持てるゼミがなかったからです。テニスサークルと家庭教師のアルバイトが楽しくて、そちらのほうに熱中していました。

NGワード 「興味がない」など
後ろ向きな理由は避けるようにしたい。意欲や積極性に欠けるなど、マイナスな印象を与えてしまう。

✗ ゼミに所属しなかった代わりにしたこと、そこで得た経験を具体的に述べるべき

ワンポイントアドバイス

ゼミのテーマをわかりやすく説明し、選んだ理由やそのゼミを通じて何を学び、それらの経験を仕事でどう活かすかを具体的に述べよう。ゼミのテーマが仕事と関連性のあるものなら大いにアピールポイントとなるが、そうでなくても自分の経験談を話せば問題はない。

フォローアップ

類似質問	「卒論のテーマについて教えてください」
狙い	前向きで向上心があるか、充実した学生生活なのかを知りたい。
答え方	専門用語は避け、研究テーマについて具体例を入れてわかりやすく説明しよう。まだテーマを決定していない場合は、どんなことを書くつもりかを伝えるとよい。

はい！　私は社会福祉学のゼミに所属しています。テーマは、年齢や障がいの有無に関わらず誰でも自由に参加できる「人と暮らしを支えるユニバーサルデザイン」についてです。【面接官：なぜそのゼミに所属しようと思ったのですか？】大学1年生のときに学部の研修旅行でスウェーデンを訪れた際、高齢者の方々が持つスキルを活かし、主体的に地域活動に参加している施設を見学したことが興味を持ったきっかけです。高齢者への意識調査や関わりからニーズを把握し、それらに対応した政策の企画や調整に携わりたいと考えています。

① なぜ・どこに興味があるかを具体的に伝えている

本気度が伝わるステップアップ

① なぜ・どこに興味があるかを具体的に伝えている

志望動機と学生生活で学んでいることが結びついており、興味があることに対する意欲や熱意がうかがえる。志の高い人物として面接官からの評価も高い。

② 具体的な配属希望をアピールできている

自治体職員としてどんな仕事に取り組みたいか自分の意志を伝えることで、仕事に対する前向きな姿勢を示している。学んできたことが公務員としてどう活かせるか、具体的な例を出して答えられるよう事前に調べておこう。

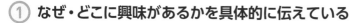

5W1Hでつくる自分の回答「大学ゼミ編」

		一回答メモー
WHAT	ゼミで学んだことは何ですか？	
WHO	誰かきっかけになった人はいますか？	
WHEN	いつそのテーマに興味を持ちましたか？	
WHERE	どこでその経験を活かしたいですか？	
WHY	なぜそのゼミを選んだのですか？	
HOW	ゼミで学んだことを今後どのように活かしたいですか？	メモを組み合わせて回答をつくろう！ 回答のつくり方は→P.61～

Q.07 なぜ民間ではなく公務員に
なりたいのですか?

質問の狙い!　公務員の仕事を正確に理解しているか、本当に公務員になる気があるかなどを見ようとしています。

民間企業は経営が不安定ですが、公務員は倒産や解雇の心配がなく、安心して働ける環境だからです。それに、民間企業は利益優先なので、そういう体質には疑問を感じるからです。

❌ 仕事の内容より安定性ばかり
気にするのは好まれない

❌ 民間企業を批判して
いるように聞こえる
ネガティブな意見もNG

NGワード
「安定が一番」など
勤務条件や職場の安定性ばかり気にするのは、職務に消極的で、収入の安定ばかりが目的ではないかと思われる恐れがある。

ワンポイントアドバイス

公務員試験の面接だからといって必要以上に公務員のよさを強調し、民間を攻撃するようなことを言うのは避けること。バランス感覚が大切だ。公務員の仕事と民間企業の仕事の主な違いは、公共のために働くか営利のために働くかだ。それをしっかりと理解し、それぞれのプラスとマイナスを述べたうえで、自分が公務員になりたい理由を話せるとよい。

発展質問	「公務員に必要なものは何ですか?」
狙い	公務員の仕事を理解しているかを見ようとしている。
答え方	公務員の仕事内容や求められる姿勢をはっきり言えるように調べておき、それを話したうえで公務員として必要とされる要素を答える。

本気度が伝わる回答 ◎

はい！　民間企業では会社の利益を最大の目的として仕事をします。そ
れに対して、公務員の仕事は、国民（市民）に奉仕することが最大の目
的です。民間企業の存在も社会にとっては大切ですが、利益を追求する民
間企業にはできない仕事をしたいです。【面接官：なぜそう思うのですか？】
私の知り合いの方がリストラに遭い、それに伴い生活も苦しい状態に
なったのですが、市役所に相談した際に親身に話を聞いてもらい、職業
安定所の説明や、たびたび電話で様子を確認してくれるなど、とても助
かったと聞きました。私もそのように、住民が困ったときに助けられるよ
うになりたく、志望させていただきました。

① ②

本気度が伝わるステップアップ 📈

① 民間と公務員の仕事の違いがわかっている

民間企業と公務員の仕事の違いを説明したうえで、自分が公務員になりたい
理由を述べていてわかりやすい説明になっている。

② 市の職員になりたい理由が明確になっている

志望理由に具体例を盛り込んでいることで説得力があり、また話も伝わりや
すいものとなっている。

5W1Hでつくる自分の回答 「公務員を選択した理由編」

		一回答メモ
WHAT	公務員の何が魅力ですか？	
WHO	公務員になりたいと思わせた人は誰ですか？	
WHEN	いつ公務員になりたいと思いましたか？	
WHERE	どこで公務員になりたいと思いましたか？	
WHY	なぜ民間ではなく公務員なのですか？	
HOW	どのように公務員の仕事をしたいのですか？	メモを組み合わせて回答をつくろう！　回答のつくり方は→P.61〜

Q.08 市役所（県庁）でどんな仕事がしたいですか?

質問の狙い! 志望する自治体・官庁でどんな仕事がしたいのかを確認しようとしています。仕事の知識や意欲なども見ようとしています。

ダメな回答例 ❌

❌ 本気で就職する気があるように感じられない

市役所の仕事は異動が多そうなので、どんな仕事をするかは特に考えていませんでした。仕事はいろいろ幅広いと思うので、○○市役所の職員になれるなら、どんな仕事でもやっていくつもりです。

NGワード

「何でもやります」など

❌ 公務員という身分になりたいだけのように聞こえる

「何でもやる」というのは、本人はやる気を見せようとしているのかもしれないが、面接する側には、仕事への興味や意欲がないように聞こえる。

 ワンポイントアドバイス

公務員を志望しているなら、職員になってやりたい仕事の希望はあって当然だ。正確に具体的なことはわからなくても、やりたい仕事のイメージは持っていてほしい。やりたい仕事があるなら、それについてできるだけ調べておき、やりたい理由を明確に、熱意を持って答えられるようにしておこう。特にない場合も、自分が興味のある分野に関係する仕事やその内容を調べ、やりたい理由や意欲を話せるように準備しておく。

フォローアップ ▶

発展質問	「望まない部署や仕事でも耐えられますか?」
狙　い	どんな仕事でもやれるかを見ようとしている。
答え方	どんな仕事でも前向きにやる意志があることをはっきり伝える。かたくなに一つの仕事にこだわらず、柔軟性や協調性があることを示そう。

本気度が伝わる回答 ◎

はい！　私はできれば福祉関係の仕事をしたいと思っています。【面接官：それはなぜですか？】はい、私が中学のときに祖母が倒れて介護が必要になったのですが、両親はどこに相談していいかわからず、市役所に問い合わせたところ、福祉事務所の方が親身に話を聞いてくれました。このとき、担当の方にすごく助けられ、私も地域の人の助けになる仕事がしたいと思ったのがきっかけです。就職後も福祉や街づくりなどについて幅広く学び、専門性を磨いて、将来的には高齢者福祉計画の全体に携われればと考えています。

① ②

本気度が伝わるステップアップ 📈

① やりたい仕事とその理由を明確にしている

なぜその仕事をやりたいのか、具体的なエピソードを交えて話している。自治体では2～3年で異動することが多いため、必ずしも希望部署に長く就けるとは限らないが、具体的な志望動機や意欲を見せることは大切だ。

② 将来のことまで考えて熱意を示している

将来の展望も語っており、仕事に熱意を持っていることが伝わる。ただし、希望部署に就けなくても柔軟に対応できるというアピールもしておきたい。

5W1Hでつくる自分の回答 「希望の仕事編」

		一回答メモ
WHAT	何の仕事がしたいのですか？	
WHO	誰の影響でその仕事がしたいと思いましたか？	
WHEN	いつその仕事がしたいと思いましたか？	
WHERE	どこでその仕事がしたいと思いましたか？	
WHY	なぜその仕事をしたいのですか？	
HOW	どのようにその仕事をしたいのですか？	メモを組み合わせて回答をつくろう！ 回答のつくり方は→P.61～

4
自分の言葉でつくるベスト回答　自己PR・意欲編

Q.09 転勤があっても大丈夫ですか?

質問の狙い! 勤務地が希望とは異なる地域や、遠方になった際に辞めてしまわないかを判断しています。また、家族は転勤についてどう考えているかを知りたがっています。

ダメな回答例 ✗

✗ あいまいな表現や拒否する回答は不利になるので避けるべき

はい、まだ独身ですので大丈夫です。ただ、将来的に結婚して家庭を持ったらどうなるかわかりません。奥さんの希望や、子どもの学校の問題なども出てくると思いますので度重なる転勤はないほうが理想的です。

✗ 面接官に消極的と受けとられる前置きや仮説は不要

NGワード 「奥さん・かみさん」「旦那さん」など
配偶者のことは「妻・夫」と呼ぶように注意しよう。

ワンポイントアドバイス

公務員の多くは転勤がありうる職業のため、「可能です」と答えるのがベスト。国家公務員は当然、地方公務員でも県内で転勤の可能性もあるので事前に転勤の有無や頻度について調べておくとよい。転勤のない職種で質問された場合は、仕事への熱意や積極的な姿勢を見られているので、前向きな答えを述べよう。

フォローアップ

類似質問 「家族と転勤について話し合っていますか?」

狙い 転勤になった際、家族の反対が理由で拒むことがないかを知りたい。

答え方 家族と転勤についてきちんと話し合い、賛同してくれていることを伝えることで、仕事に影響が出ないことをアピールしよう。たとえば、「両親と何度も話し合っているので納得してくれています」など。

本気度が伝わる回答 ○

はい！　転勤は覚悟のうえで○○県職員を志望しておりますので、どこ
の地域でも喜んで応じさせていただきます。いろいろな場所で暮らすこと
は、地域の特性を知り、たくさんの人と接することで自分の視野を広げられ
るチャンスだと考えています。そういった経験は仕事にも積極的に活かして
いけると思います。私は長男ですが弟がすでに家業を継いでおりますし、
家族とも転勤について話し合っておりますので問題ありません。

①
②

本気度が伝わるステップアップ

① 転勤があることを受け入れ、積極的な姿勢を伝えている

公務員の仕事には転勤がつきものである、ということを、きちんと理解して
いる印象を与えている。転勤になった際も、積極的な姿勢で仕事に取り組む
という心構えがヒシヒシと伝わる意欲的な回答だ。

② 家族の関係で転勤を拒否することはない理由を示している

長男でも問題ない理由を具体的に提示し、家族ともすでに話し合いが行われ
ていることをしっかりと伝えている。面接官を十分に納得させると同時に、
信頼のおける人物という印象を与えている。

5W1Hでつくる自分の回答　「転勤編」

		回答メモ
WHAT	何か転勤できない事情はありますか？	
WHO	誰か家族と相談しましたか？	
WHEN	いつでも転勤に応じますか？	
WHERE	どこでも転勤できますか？	
WHY	なぜ転勤に快く応じることができる（できない）のですか？	
HOW	転勤になったらどう対応しますか？	メモを組み合わせて回答をつくろう！　回答のつくり方は→P.61〜

Q.10 退職の理由は？ また辞めてしまいませんか？

質問の狙い！ 職務経験がある人に対しては、前職のことについて繰り返し聞かれます。志望意欲は高いのか、公務員の仕事が長続きするのかを見極めようとしています。

ダメな回答例 ✖

✖ 退職理由がネガティブな内容。たいていの場合、マイナス評価となる

辞めた理由は、社風が合わなかったからです。○○市の職員として働けるのなら、絶対に辞めません。協調性の高さにも自信があるので、大丈夫です。

いやー、実は残業が多く、ブラック企業だったんです。休日もなく働いたのに給料が上がらないので辞めました。○○市職員も仕事は大変だと思いますが、今度は乗り越えます。また辞めるようなことはありません。

✖ 辞めない根拠がなく、説得力が乏しい。意見は根拠と合わせて述べたい

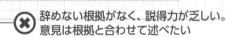ワンポイントアドバイス

安定した公務員の職に就きたいというだけでは自治体職員は務まらない。「○○県、○○市の職員の仕事に就くために今ここにいる」という強い気持ちをアピールしよう。

フォローアップ

発展質問	「前職を辞める際に、上司に何と言われましたか？」
狙 い	前職で仕事にしっかり打ち込んでいたのかを確認している。
答え方	前向きな事実を、自信を持って回答したい。たとえば、「はい。前職を辞める際、上司からは"お前がいなくなって困るけど、応援しているぞ"という励ましの言葉をいただきました」など。

はい！　大丈夫です。確かにすぐに辞めるのではないかと思われてしまうのもわかります。しかし、現職（前職）を退職した理由は、何より○○市職員として働きたかったからです。もちろん現職（前職）の仕事にも魅力がありますが、その仕事を経験したからこそ、視野が広がり、○○市職員という道が自分の中に見えてきました。

○○市職員となってからも困難はあると思いますが、それを乗り越えて、住民が豊かに暮らせる街づくりに役立ちたいです。

本気度が伝わるステップアップ

① すぐに否定せず、一度受け止めている

「確かに○○だと思います。しかし……」という言い回しは集団討論でも使える。「○○市職員として働きたかったから」という退職理由も前向きでよい。

② 社会人経験があることを強みにしている

即戦力になるとはいえないまでも、それなりに期待を持ってもらえる可能性が高い。仕事を通じて学んだことや身につけたことを具体的にアピールできるとより効果が高い。「なぜ最初から○○市職員を目指さなかったのか？」と質問されそうなところも、自分できちんと説明している。

5W1Hでつくる自分の回答　「退職理由編」

WHAT	現職（前職）を辞めた理由は何ですか？	回答メモ
WHO	辞職をまわりに伝えたとき、誰に何と言われましたか？	
WHEN	いつから自治体職員の仕事をしたいと思うようになりましたか？	
WHERE	どこでそのきっかけを得ましたか？	
WHY	なぜ自治体職員の仕事は辞めないと言えるのですか？	
HOW	どのように現職（前職）の経験を自治体職員の仕事に活かしますか？	メモを組み合わせて回答をつくろう！　回答のつくり方は→P.61～

Q.11 公務員の不祥事について、意見を聞かせてください

質問の狙い！ その受験生の正義感や良識がどの程度なのか、公務員としての自覚がどの程度あるのかを見極めようとしています。

ダメな回答例 ✗

> ✗ アピールしようとするあまり、過激な表現はNG。冷静に

公務員が法律や倫理に反するのは許せません！　本当に考えられないことです！　公務員に対しては一般市民以上の厳罰化をしてもいいと思います！【面接官：では、あなたの直属の上司が知人の業者への発注を指示してきたらどうしますか？】はい……、困りますね……。発注先を指定するはっきりした理由があればしょうがないのかな……。とりあえず、何か理由を付けて断ります。

> ✗ 自分に関わる場合でも毅然とした態度を取ると伝えるべき

NGワード

「現実的には仕方がないことも…」など

圧力がかかると妥協してしまうかもしれないという不信感を与える発言はNG。どんな場合でも、毅然とした態度をとる姿勢を見せよう。

ワンポイントアドバイス

法律や倫理に反することを行わない、関与しないという毅然とした態度をとる必要があるが、不祥事に対してあまりに攻撃的な発言は、バランス感覚が疑われることもあるため控えたい。

フォローアップ ▶

類似質問 「目の前で先輩職員の不正行為を目撃したらどうしますか？」

狙い 倫理意識の高さ、対応能力を見ようとしている。

答え方 まず、ためらわずに止めると答えるべき。そのうえで、「先輩職員に忠告する」、「上司に相談する」など、自分なりの対処方法を伝えよう。

本気度が伝わる回答 ◎

はい！　公務員は国民や地域住民の信託を受けて働いているわけですから、不祥事には手を染めないという相当の覚悟を持って職に就くべきだと考えています。私自身も常にそれを肝に銘じるよう心がけます。【面接官：では、直属の上司が知人の業者への発注を指示してきたらどうしますか？】はい。上司にその行為が不正と認められる可能性がないのか、それ以外の業者への発注は不可能なのかを確認します。もし不正と考えられるなら止めますし、止められない場合は、さらに上の上司に相談します。

① ②

本気度が伝わるステップアップ 📈

① 高い倫理観と覚悟を示している

公務員の職責の重さを理解しており、高い倫理観を持っていることがわかる。また、自分自身の問題としてもとらえており、不祥事には手を染めないという決意を示しているのは高い評価につながる。

② 良識に従う判断力と状況への対応力がある

いきなり不正と決めつけず、コミュニケーションをとって確認しようとする姿勢は穏当であり、よい印象を与える。不正には与しないという毅然とした態度や、自分で止められないときの対処法などもしっかり伝えられている。

5W1Hでつくる自分の回答　「公務員の不祥事編」

		ー回答メモー
WHAT	どんな行為が不祥事につながりますか？	
WHO	誰か不祥事を起こさないための見本になる人はいますか？	
WHEN	いつ公務員として持つべき倫理観を知りましたか？	
WHERE	どこで公務員として持つべき倫理観に触れましたか？	
WHY	なぜ公務員には高い倫理観が求められるのですか？	
HOW	同僚や上司の不正行為に対してどのように対応しますか？	メモを組み合わせて回答をつくろう！ **回答のつくり方は→P.61〜**

Q.12 あなたが公務員に向いているのはどんなところですか?

質問の狙い! 自己分析がしっかりとできているか、公務員の特性をきちんと理解しているかを判断します。同時に、意欲や適性を知りたいと考えています。

 ❌

❌ 具体的にどんな話を聞き、自分に向いていると思うのかを述べるべき

はい、父が公務員で、幼い頃から公務員の仕事について話を聞いてきました。まじめな私はそんな父から「公務員向きだ」と言われました。

はい、私の性格が公務員に向いていると思います。サークル仲間からは「慎重だ」「お堅い」と言われることもありますが、何事にもコツコツと地道に取り組む安定志向です。

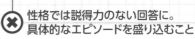

❌ 性格では説得力のない回答に。具体的なエピソードを盛り込むこと

 ワンポイントアドバイス

この質問は自分の長所をアピールできる絶好のチャンス。なぜ民間企業ではなく公務員の仕事に適しているのか、どのように自分の長所を活かせるのかをエピソードを交えて具体的に答えることが大切。公務員の特性をしっかりと調べ、発言に齟齬(そご)がないようにしよう。

フォローアップ

類似質問	「公務員のどこに魅力を感じますか?」
狙い	公務員の特性をきちんと理解しているか確認したい。
答え方	民間企業と公務員の違いを述べたうえで、その魅力を伝えよう。受験生が仕事について得られる情報には限りがあり、似た回答になりやすいので、具体的なエピソードを盛り込むと面接官の印象に残りやすい。

本気度が伝わる回答 ◯

はい！　バランス感覚があり、人に尽くすことに喜びを見出す性格が公務員に向いていると思います。【面接官：具体的なエピソードを教えてください】はい。大学時代には自分が発起人となって、ゴミ拾いサークルを結成しました。SNSで声掛けしたら100人以上もの人が集まってくれて、地域のゴミ拾いを行ったこともあります。人が多く集まるとさまざまな意見が飛び出し大変でしたが、一致団結できるよう調整役を務めました。公務員はいわば地域住民をサポートするサービス業だと思っておりますので、私の力を存分に発揮できると自負しています。①　②

本気度が伝わるステップアップ

① 具体的なエピソードを交えて自己PRができている

地域で暮らすさまざまな住民と向き合って仕事をする公務員は、人と人との調整役を担わなければいけないことがとても多い。まとめ役を得意とする自分の長所を、経験を交えて適確にアピールしている。

② 公務員の仕事の特性を理解している

公務員としての仕事をありふれた言葉ではなく、自分なりに解釈した言葉で話すことで十分に理解していることが伝わる。受験生が公務員に採用されたらどんな働き方をするか、面接官がイメージしやすい回答になっている。

5W1Hでつくる自分の回答 ▶ 「公務員の資質編」

		一回答メモ一
WHAT	あなたが公務員に向いているところは？	
WHO	誰が向いていると評価しましたか？	
WHEN	いつ向いていると思いましたか？	
WHERE	どこで向いていると感じましたか？	
WHY	なぜ向いていると思うのですか？	
HOW	どのように公務員の仕事をしていきたいですか？	メモを組み合わせて回答をつくろう！　回答のつくり方は→P.61～

Q.13 職場の人とうまくやっていけますか?

質問の狙い! 官公庁の組織の中で、受験生が周囲とうまくやっていけるかを判断しています。同時に、協調性やコミュニケーション能力があるかなども見ています。

ダメな回答例 ✕

✕ これまで問題がなかったという理由だけでは、かえって不安材料に

同窓生とは付き合いが長く、家族同然のようなアットホームな環境でしたので、衝突したり、孤立したりという経験は一度もありません。これまで問題がなかったので職場でも大丈夫だと思います。ただ、世の中にはいろんな人がいますから、性格が合わない人もいるかもしれませんので、うまくやれるとは言い切れないのが正直なところです。

✕ 自信のない回答は、面接官にマイナスの印象を与えてしまう

NGワード
「人間関係で苦労した経験はない」など
世間知らずで認識の甘い人間なのでは、という不安をかえって面接官に与えかねない。失敗を乗り越えた経験などから自己PRにつなげたい。

ワンポイントアドバイス

「自信はありませんが」といった遠慮や謙遜は不要。仕事をしていくうえで、どんな人ともうまくつき合おうとする姿勢は社会人として常識と言える。これまでの学生生活やアルバイトなどの経験を基に、対人関係を円滑にするため心がけてきたことをアピールしよう。

フォローアップ

類似質問	「人間関係で苦労したことはありますか?」
狙い	社会人としての協調性や社交性があるかを判断したい。
答え方	後ろ向きの発言や、今でも悩んでいるかのような回答にならないよう注意。経験から何を学んだかについて前向きな姿勢を示すとよい。

本気度が伝わる回答 ◎

はい!　うまくやっていく自信があります。【面接官：その根拠は？】私は
人と話し合い、協力しながら物事に取り組むことが大好きだからです。中学
から大学までバレー部に所属し、部長を務めたこともあります。チームをまと
めるのは大変なこともありましたが、部員一人ひとりに毎日声をかけてコミュ
ニケーションをはかることを心がけました。そのように相手の立場に立って
話し合えば、時間がかかっても理解し合えることを学び、その経験が職
場でも役立つと考えています。

①

②

本気度が伝わるステップアップ

① 自信を持って答えている

躊躇することなく、「うまくやっていく自信がある」と明確に答えることで、
受験生の人柄が伝わってくる。聞いている側にとって、たとえ困難なことがあっ
ても逃げ出したりせず、前向きに取り組む人物だという信頼感につながる。

② 経験を基に具体的な根拠を述べている

人間関係の難しさを実際に経験したうえで、それをどう乗り越えたかという
エピソードを具体的に話すことで、説得力が格段に増す。根拠を述べること
で、面接官からの信頼をより高めることができる。

5W1Hでつくる自分の回答 「職場での人間関係編」

WHAT	人間関係でうまくいかなかったことはありますか？	ー回答メモー
WHO	誰とうまくいきませんでしたか？	
WHEN	いつうまくいかなかったのですか？	
WHERE	どこでその経験をしましたか？	
WHY	なぜうまくいかなかったのですか？	
HOW	どのように解決したのですか？	メモを組み合わせて回答をつくろう!　回答のつくり方は→P.61～

面接官のホンネ ②

 併願状況は偽らず、本当のことを話してほしい

　公務員を志望する受験生は、地方と国家公務員、民間企業など、たくさん併願している人が多い。採用する側からすると、実際に来てくれそうな受験生の数を把握しておきたいので、併願状況については本当のことを言ってほしいですね。「第1志望です」と言われて採用者として計算していたのに、ほかに行かれるとこちらもつらいので、志望順位も正直に話してほしいです。

 プレッシャーをかけて安定した人物か確認

　面接では、公務員として市民に対してきちんと対応できる人物かどうかを見極めたいですね。市民からの問い合わせや苦情などに対応することも多いので、そつなくこなすことができないと大きなトラブルになりかねませんから。そのため、面接でも強いプレッシャーをかけて、それに対する反応を見ています。公務員は周囲の目も厳しいですから、どんな状況も冷静に対応できる人物を求めています。

併願状況については面接官もかなり気にしているし、偽ろうとしていることが見抜かれると印象が悪いので、正直に話すほうがいいでしょう。ただ、志望順位については、「第5志望です」と言われたときに、納得して合格させるでしょうか？ やはりどこの面接を受けるときでも、第1志望として真摯に受験するべきです。「なぜそこを志望するのか」という志望理由をしっかりと準備しておきましょう。

Chapter 5

自分の言葉でつくる
ベスト回答

― 志望動機編 ―

面接試験では、どのような質問が投げかけられて、その質問に対して
どのように答えればよいのでしょうか？　Chapter 5では、なぜ公務
員を志望しているのか、その動機を探る質問について、どのような回
答の仕方があるのか見ていきましょう。

志望動機のつくり方

■「志望動機」は必ず聞かれる重要な質問
■ 3つのステップで本気度の伝わる志望動機をつくろう

なぜ自分は公務員になりたいのか?

　志望動機は、自治体の仕事にどれだけ意欲を持っているのか、仕事の中身についてきちんと理解して志望しているのかを知るために、必ずと言っていいほど聞かれる質問です。まずは、自分が、なぜその市や県の職員になりたいのか、その理由を自分自身に徹底的に問いかけ、自己分析し、志望理由を特定しましょう。次に、公務員の実際の仕事の内容を洗い出し、リストアップしていきます。それができたら、その仕事や担当部署の中から、自分が特にやりたい仕事をピックアップしましょう。やりたい仕事はできれば複数選んで、その優先順位もつけておき、最後に、その仕事に就きたい理由を文章にして、話せるようにしておきましょう。

志望動機をつくるためのステップ

STEP **1** 公務員を志望する理由を特定する

STEP **2** 仕事を把握し、やりたい仕事をリスト化する

STEP **3** リストを基に志望動機を文章にする

説得力のある志望動機に

STEP 1 公務員を志望する理由を特定する

　公務員になりたい理由を自己分析して特定します。考えるきっかけとして、5W1H（なりたい理由は何か、誰の影響でなりたいと思ったか、いつなりたいと思ったか、どこでなりたいか、なぜ公務員なのか、どのような公務員になりたいか）を書き出してみましょう。

> **志望理由を特定する自己質問**
>
> ➡ そもそも公務員の仕事に興味を持ったきっかけ・体験は？
>
> 具体例 「親戚が○○県職員をしていて、周囲から尊敬されており、憧れを持った」
>
> ➡ 公務員になることを決めたのはいつ？どのようなきっかけ？
>
> 具体例 「大学生になって地域の活性化策について学び、地元の市職員となって○○市の活性化に役立ちたいと考えるようになった」

STEP 2 仕事を把握し、やりたい仕事をリスト化する

　公務員の仕事内容を把握できたら、その中から自分がやりたい仕事を選び、その理由とともにリスト化します。複数選んで優先順位をつけます。

希望の仕事リストアップシート例

❶ 受験する自治体の組織図などを見ながら興味がある部署とその仕事をリストにする。
❷ その仕事に就きたい理由、興味がある理由を書き出す。

担当したい仕事（部署）	担当したい理由	興味の順番
地域振興	地元を元気にするために役立ちたい	1
福祉	地域の人にじかに接して役立ちたい	3
広報	地域振興のための情報発信をしたい	2

STEP 3 リストを基に志望動機を文章にする

　希望の仕事リストを基に志望動機を文章にして、口頭で答えられるようにします。まず、面接官の質問を想定し、結論として入りたい部署などを書きます。次に自分の体験などを根拠にその理由を書き、最後に、自分がその部署でやりたい業務を具体的に説明します。

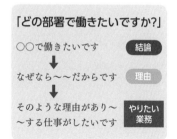

「どの部署で働きたいですか？」

○○で働きたいです　　**結論**
　↓
なぜなら〜〜だからです　　**理由**
　↓
そのような理由があり〜　　**やりたい業務**
〜する仕事がしたいです

5 自分の言葉でつくるベスト回答　志望動機編

Q.14 志望動機を教えてください

質問の狙い！ 本当に○○市の仕事に興味があるのか、本当に○○市職員になりたいと思っているのかなど、志望意欲の高さ、志望理由の確かさを見極めようとしています。

 **な回答例** ✕

✕ 仕事の内容ではなく待遇からの志望と受けとられるので、志望動機としては弱い

私の親戚が○○市役所に勤めていて、安定している職場だという話を聞いていたこともあって、中学時代から市の職員の仕事に興味を持っていました。また、私は長年柔道を続けていて粘り強いです。また、私は責任感も強いと思っています。また、東日本大震災で衝撃を受け、地元を守りたいと考えました。そのため、○○市の職員として市民を災害から守り、人々が安心して暮らせる明るい社会を実現したいです。

 ✕ 「また」を多用して伝えたいことがぼやけ、動機ではなく自己PRになっている

 ワンポイントアドバイス

志望動機は、自治体の仕事に沿った動機を述べないと、「別の職業のほうがよいのでは?」といった疑念を抱かせてしまう。志望動機を聞かれたら「はい、私が○○県職員を志望するのは○○○だからです」など、理由を最初に伝え、次に理由にたどり着いたエピソードを語ろう。

フォローアップ ▶

類似質問 「○○市職員に興味を持ったきっかけは何ですか?」

狙 い さらに具体的な思いや本気度を確かめようとしている。

答え方 「以前、ゴミ出し方法について同じ地区の人どうしがもめていたとき、丁寧にルールを教えてくれた職員の方の応対に心を打たれました」など、具体的なことを基に答えられるとよい。きっかけと志望動機は、きちんと分けて整理しておくこと。

本気度が伝わる回答 ◯

はい！　地域の人の役に立ちたく、志望しています。【面接官：なぜそう思ったのですか？】高校に入ったときから地域振興の仕事に興味を持っていたこともあり、◯◯市の広報活動に関するレポートを書いたのですが、そのときに地域振興に関する資料や映像を見ました。その中で、シャッター商店街が増えていることなど厳しい現実も知りましたが、だからこそ、◯◯市職員になって◯◯市を盛り立てたいと強く思うようになりました。副生徒会長として培った行動力を活かし、地域づくりをしたいと志望しました。

本気度が伝わるステップアップ

① 役割・仕事に沿った志望動機が冒頭で述べられている

◯◯市職員になってどうしたいのかを最初に述べていて、質問にしっかり答えている。志望動機が◯◯市職員の仕事や役割と合致しているところもよい。

② いままでの自分の経験がきっかけに結びついている

自分の将来性は自分の経験の中にある。かなり前から◯◯市職員の仕事に興味を持ち、調べてきた経験が、単なる憧れではないことを裏づけている。

③ ◯◯市職員にふさわしい強みや経験をアピールできている

◯◯市職員に求められる要素を持っていることをアピールできている。

5W1Hでつくる自分の回答　「志望動機編」

		一回答メモー
WHAT	志望動機は何ですか？	
WHO	誰かきっかけになった人はいますか？	
WHEN	いつそう思うようになりましたか？	
WHERE	どこでそう思うようになりましたか？	
WHY	なぜ数ある職の中で◯◯市職員なのですか？	
HOW	どのように自分の強みを◯◯市の仕事に活かしますか？	メモを組み合わせて回答をつくろう！　回答のつくり方は→P.61〜

Q.15 希望部署に配属されなかったらどうしますか?

質問の狙い! 公務員の仕事への理解や意欲を見ようとしています。また、どんな仕事にも対応できる柔軟性があるかどうかも確かめようとしています。

❌ 本当に職務内容を理解しているのか疑問に感じる

~~公務員になれるなら、どんな仕事でも構わない~~と思っています。~~自分の希望に関係なく、がんばりますので、よろしくお願いします。~~

❌ 何の希望も意欲もない、軽薄な人物のような印象を与える

NGワード
「希望の部署でなければ辞めます」など
公務員に異動があるのは当たり前のこと。希望する部署や職種があるのはいいが、それ以外の仕事でも前向きに取り組む姿勢を見せることが大切。

ワンポイントアドバイス

希望の部署の仕事でなくても、前向きに取り組むつもりであることを最初にはっきりと伝え、柔軟性や協調性があることをアピールしよう。ただし、公務員になれればどんな仕事でもいいという態度は、仕事に意欲が感じられないように映るため、絶対に避けること。

フォローアップ

類似質問　「仕事がつらくても平気ですか?」

狙い　仕事への意欲やタフな精神力、体力があるかなどを見ようとしている。

答え方　当然、平気であると答えること。ただし、その根拠も説明する必要がある。具体的な経験談などを交えて、つらい仕事にも耐えられ、積極的に取り組める人間であることを示そう。

本気度が伝わる回答 ◯

はい！ 希望の部署で働けるのがもちろん一番ですが、たとえ希望していない部署に配属されようと、精一杯仕事に取り組むつもりです。【面接官：なぜそう思うのですか？】はい。組織に入る以上、すべての希望が通るとは思いませんし、どんな仕事も必要だから存在しているはずだからです。また、いろいろな部署で働いて、○○県の仕事やセクションのことを知るのは、大切なことだと思います。その後で、もし自分が希望する部署に配属されたら、それまでの経験を活かしてがんばるつもりです。 ①

②

本気度が伝わるステップアップ

① 仕事を理解し、前向きであることを示している

○○県職員として大きな組織に入って働くということがどういうものか理解しており、また職務に対して前向きであることがわかる。

② ポジティブ思考をアピールしている

希望が通らなかった経験を後で活かそうという発想は、前向きで有能な人材であると思わせる。希望している仕事があることを示すことで、面接官に興味を抱かせようとしているのもよい。

5W1Hでつくる自分の回答 「希望部署編」

		一回答メモ
WHAT	配属を望む部署はどこですか？	
WHO	誰の影響でその部署を希望するようになりましたか？	
WHEN	いつその部署を希望するようになりましたか？	
WHERE	どこでその部署を希望するようになりましたか？	
WHY	なぜその部署を希望するのですか？	
HOW	どのようにその部署で働きたいですか？	メモを組み合わせて回答をつくろう！ 回答のつくり方は→P.61〜

Q.16 なぜ当市（当県）なのですか？

質問の狙い！ なぜその地域を選んだのか、採用したら本当に当該自治体に来てくれるのかを知りたがっています。同時に、併願状況も確認されます。

ダメな回答例 ✖

✖ 自分の都合だけでは、その地域を選んだ理由としては弱い

理由は、<u>地元から離れて仕事をしてみたかったからです</u>。【面接官：なぜですか？】いままでずっと地元で生活をしてきて、いろいろな土地のことを知りたいとも思いましたし、まったく知らない環境に身を置くことで、さらに成長できるような気がするからです。【なぜ当市を選んだのですか？】はい、<u>比較的地元からも近く、何度か足を運んでいるので、少し慣れているというのもあるからです</u>。

✖ 前に言ったことと矛盾する発言。また、志望理由としても浅い

✍ ワンポイントアドバイス

地元志望の場合は「生まれ育った土地を盛り立てたい」でも説得力がある。しかし、志望先が地元ではない場合は、理由を説明できないと説得力に欠ける。受験先の自治体の特徴やデータを調べ、その地域になぜこだわっているのか、どんなメリットを与えられるのかを説明できるようにしよう。

フォローアップ

発展質問	「○○市をPRするならどんなところがありますか？」
狙い	受験先の地域について知識があるか、調べているかを見ている。
答え方	事前にその地域について調べておくことは必須。自治体のホームページなどをチェックして何に力を入れているのか知識を得ておく。PRするポイントを挙げ、その理由を具体的に述べればよい。

本気度が伝わる回答 ◯

はい！ ○○市を選んだ一番の理由は、○○川に代表される美しい自然
に恵まれたこの土地の風土を守り、自然と一体になった豊かな暮らしを
実現したいからです。小学生の頃に課外授業を通して河川や森林の生態
系に興味を持ち、以来、機会を見ては自然保護活動に参加してきました。
特に、○○市の○○川や△△公園の自然が好きで、自然観察やカメラで撮
影したりと通い続けていますが、この自然を守りたいと強く思うようになり、

② ─── 今後は取り組みを主催する側になって働きたく、志望しました。21世紀
に暮らす○○市の子どもたちのために、美しい自然を受け継いでいきた
いです。

① ───（右上）

本気度が伝わるステップアップ ↗

① ○○市で働きたい理由がわかりやすい

具体的に○○市で働きたい理由を述べており、過去のエピソードを交えた回
答内容に矛盾もないので説得力があり、意欲も伝わってくる。

② 地域の役に立ちたい意志が伝わってくる

志望理由を一つに絞っているのでインパクトがある。自分の志向が、ほかの
市とは違う地域性に関連しており、その地域で働きたい理由につながってい
る点も評価してもらえる可能性が高い。

5W1Hでつくる自分の回答 「働きたい地域編」

WHAT	何がその地域の魅力ですか？	一回答メモー
WHO	誰かその地域に知人はいますか？	
WHEN	いつそこで働きたいと思いましたか？	
WHERE	その地域の有名な場所はどこですか？	
WHY	なぜその地域でなければいけないのですか？	
HOW	どのようにそこで活躍したいですか？	メモを組み合わせて回答をつくろう！ 回答のつくり方は→P.61〜

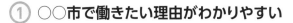

5
自分の言葉でつくるベスト回答　志望動機編

Q.17 併願している受験先はありますか?

質問の狙い! 公務員を志望する本気度を知りたいと同時に、採用した場合に就職する意志があるかを確認しようとしています。また、正直に答える姿勢があるかも見ています。

ダメな回答例 ❌

❌ 迷っていることをあからさまに述べるべきではない

はい。都庁、裁判所事務官、国家一般職を併願しています。<u>また、弁護士の道に進むことにも迷いがあり、法科大学院も受験しています。</u>

はい。<u>○●商社と△◆商事を受けました。</u>ただ、民間企業はあくまでもすべり止めとして受験しただけです。○●商社からは内定を頂きましたが、ぜひ公務員になりたいと思っています。

❌ 具体的な会社名は出さないほうがよい

 ワンポイントアドバイス

併願しているところがあるなら、合否に関わらずすべて正直に答えたほうが好印象を与える。民間企業を受験しているか聞かれた場合、その理由を述べると同時に公務員が第一志望であることを明確にしておこう。

フォローアップ ▶

類似質問	「他市も受けているようですが、両方受かったらどうしますか?」
狙 い	両方合格したら、どちらに進むのか確認したい。
答え方	いま受けているほうに進む旨を伝え、その理由を地域性を踏まえて伝える。たとえば「住民のために公共施設の整備に力を入れている○○市で働きたい」など。将来その自治体で何がしたいのかを考えておこう。

はい！　民間企業も受験していますが、第一志望は○○市職員です。採用されましたら必ずこちらで働きたいです。【面接官：併願先と比べてなぜ、こちらが第一志望なのですか？】私は高齢者や障がい者など社会的に弱い立場の人のためになる仕事をしたいと考えています。併願先も福祉関連の民間企業ですが、私は今までお世話になった地元の人たちに恩返ししたいと思い、○○市職員として福祉政策に取り組みたいという思いが強くこちらを第一志望とさせていただいております。

本気度 が伝わるステップアップ

① 「第一志望」であることをはっきり伝えている

きっぱりと第一志望であることを述べているため、強い意志を感じられる。「併願先を言うと不合格になるのでは……」と不安になって動揺してしまう受験生も多いようだが、隠そうとするとかえってマイナスの印象を与えてしまう。

② 志望理由を具体的に述べている

「なぜ民間企業を受験したのか」「なぜこちらが第一志望なのか」など、具体的な志望理由を述べることで、仕事に対する熱意をアピールできる。

5W1Hでつくる自分の回答 「併願編」

		ー回答メモー
WHAT	併願している受験先は何ですか？	
WHO	誰かこの仕事に興味を持つきっかけになった人はいますか？	
WHEN	いつ併願しようと思いましたか？	
WHERE	併願先のどこに共通点がありますか？	
WHY	なぜこちらが第一志望なのですか？	
HOW	どのように第一志望を決めたのですか？	メモを組み合わせて回答をつくろう！　回答のつくり方は→P.61〜

Q.18 民間の企業でなくてもよいのですか?

質問の狙い! 公務員と民間の違いについて理解しているかを知ろうとしています。また、公務員の仕事に対する理解度や、意欲も見ようとしています。

ダメな回答例 ✗

✗ 民間と公務員の違いを理解していない

はい、大丈夫です。民間の仕事も、公務員の仕事も、どちらも仕事には変わらず、そういった意味では市役所も一つの企業のようなものだと思うので、民間である必要もありません。また、公務員は収入が安定しているというメリットもあり、そうすると精神的にも余裕が出てくると思います。

NGワード 「収入が安定している」など

✗ 収入で公務員を選択している印象。公務員の自覚が足りない

公務員は一般的に収入が安定していると言われるが、それを面接で発言するのはNG。収入は大事だが、「そればかりが目的では」というマイナス印象になる。

ワンポイントアドバイス

公務員は、地域住民の生活に関わる仕事を公の立場から行うだけに、社会全体に奉仕するという自覚が求められる。受験者は、民間と公務員の仕事の差異をしっかり把握しておく必要があり、こういった質問に対しても、その違いをきちんと話せるように用意しておこう。そのうえで、なぜ公務員でないとダメなのかの理由も考えておく。

フォローアップ

発展質問	「公務員として必要なことを3つ挙げてください」
狙い	公務員について的確にとらえられているか確認している。
答え方	公務員と民間企業の違いを明確にし、そのうえで公務員に必要とされる要素を伝える。

本気度が伝わる回答 ◯

はい！　大丈夫です。【面接官：なぜですか？】私はあくまで○○市職員になりたいので、民間の企業に就職活動をする予定はないからです。【なぜ民間ではなく公務員なのですか？】人々の暮らしを豊かにし、利益を追求するのが民間企業の仕事だとしたら、公務員の仕事は住民全体の暮らしや安全に奉仕することだと考えます。私は、地元の○○市に住む人々全体の生活を豊かにし、住みやすい街をつくりたいです。

本気度が伝わるステップアップ

① 最初に○○市職員になりたいという意思表示がある

民間企業を受験する予定はなく、その理由は○○市職員になりたいから、ということを最初に伝えることで、○○市に対する熱い意欲が感じられる。

② 公務員の役割を把握している

民間企業に求められるのは、業務だけではなく、利益の追求。それに対して、公務員は自らの利益を追求することはなく、求められるのはあくまで地域住民への奉仕である。公務員を目指す者としてそれをきちんと理解しておくことは重要。その両者の違いを把握していると説得力がある。

5W1Hでつくる自分の回答 「民間企業編」

		―回答メモ―
WHAT	民間ではなく公務員を志望する理由は何ですか？	
WHO	きっかけになった人は？	
WHEN	いつ公務員の道を選びましたか？	
WHERE	きっかけになった場所はありますか？	
WHY	なぜ民間ではないのですか？	
HOW	公務員としてどのように仕事をしたいですか？	メモを組み合わせて回答をつくろう！　回答のつくり方は→P.61〜

Q.19 進学は考えなかったのですか?

質問の狙い!　高校生に対し、なぜ学生を続けずに公務員になりたいのか、どれだけ本気か聞きたいというのと、現在の高校生の事情などの情報収集をしたいという意図もあります。

 ダメな回答例 ✕

❌ 公務員に対する具体的な志望動機や意欲がなく、向上心がない印象

はい。進学も考えましたが、特に勉強をしたい分野があるわけでもなかったので、具体的な目標も持たずに進学するよりも、働き始めたほうがいいと思ったので、進学はやめました。【面接官:進路のことは誰かに相談しましたか?】きちんと相談はしていないのですが、親も先生も反対はしないと思います。

❌ 両親や先生には進路のことをきちんと相談すること

ワンポイントアドバイス

「やりたいことがなかったから」「勉強より働くほうがいい」など、消去法で就職を選んだ、という後ろ向きな印象を与えてしまう。進学をせずに公務員になろうと思った具体的な志望動機や意欲を伝えられるようにしよう。簿記やパソコン関連の資格を取得しているなら、働く意欲を見せるアピールとなる。また、両親にきちんと相談しておくこと。応援してもらえるようにしたい。

 フォローアップ ▶

類似質問	「夜学の大学に通うことは考えていますか?」
狙い	採用後でも自己啓発の意欲や向学心があるかを見たい。
答え方	もし夜学の大学に通うことを考えているのなら、その理由と学んだことを将来どう仕事に活かしたいのか、伝えられるようにしよう。通う予定がない場合も、希望職種で活かせる資格やスキルを身につけていく向学心をアピールできるようにしたい。

本気度が伝わる回答 ◎

はい！　進学も考えましたが、高校卒業とともに就職することを選択しました。【面接官：それはなぜですか？】一番はやはり、<u>一日でも早く市役所職員として地域や住民のために働きたいという希望があるからです。</u>増税や少子高齢化や災害など、国内情勢は常に流動していて、地域住民は不安に思うことも多々あるかと思います。<u>そういったいまの不安の声というのは現場で働くことで一番知ることができますし、必要な知識は働きながら勉強していきたい</u>ので、卒業したら公務員として働きたいです。また、就職後にすぐに力を発揮できるよう、<u>簿記２級も取得しました。</u> ②

本気度が伝わるステップアップ

① 理由が明確になっていて、向学心があるのが伝わってくる

「一日でも早く働きたい」理由として「現場では地域住民の声が一番聞ける」と述べているので、就職を選択している理由が明確となっている。また、働きながら必要な知識を身につけていこうとする前向きな姿勢がうかがえる。

② 事前の努力がアピールできている

その仕事に就いた際、力になれる努力をすでにしていることから、向上心や仕事に対する意欲を感じることができる。取得している資格などがある場合は積極的にアピールしたい。

5W1Hでつくる自分の回答 「進学編」

		一回答メモー
WHAT	進学せずに働きたい理由は何ですか？	
WHO	誰かきっかけになった人はいますか？	
WHEN	いつ進学ではなく就職をしようと思いましたか？	
WHERE	そう思うきっかけになった場所はありますか？	
WHY	なぜ進学ではなく就職を選択したのですか？	
HOW	進学せずに、必要なことをどう勉強していきますか？	メモを組み合わせて回答をつくろう！　回答のつくり方は→P.61〜

5　自分の言葉でつくるベスト回答　志望動機編

Q.20 10年後、あなたはどうなっていたいですか?

質問の狙い!

10年後に本当にその目標を達成できるかどうかではなく、仕事への意欲や向上心を見られています。仕事像にズレがないかについても問われています。

ダメな回答例 ✗

（✗）具体性がなくあいまいで、ごまかした回答と感じられる

特に考えていませんが、とにかく、市民の幸せな生活に役立てる人材として活躍していたいです。それで……、個人的にITに興味があるので、○○市職員として、基地局を増やしたりなど、○○市のネット環境の充実などを主導するような立場になりたいです。

（✗）公務員の役割ではなく、勉強不足だと思われる

ワンポイントアドバイス

この質問で面接官が知りたいのは、突き詰めれば受験生の志望理由と自己PRと言える。志望理由とは、一言で言えば「将来そこで何をやりたいか」ということで、自己PRとは「いままで何をしてきたか」ということだ。つまり、10年後の自分に関する質問は、「いままで何をしてきて、将来そこで何をやりたいか」を答えられればよい。面接は自分を売り込む場なので、志は高く持っていることをアピールするために、生意気なことを言うくらいで構わない。

フォローアップ

類似質問	「将来のために努力していることは何かありますか?」
狙い	言動が一致しているか、また前向きに動ける人物かどうかを確認しようとしている。
答え方	「福祉関連の仕事がしたいので社会福祉の法制度について勉強している」など、将来やりたい仕事と、それに関連した勉強をしていることが伝えられるとよい。

本気度が伝わる回答◎

はい！　私は農業を持続的に発展させたいと考えているので、10年後はそのための企画の立案や農産物の普及活動などに携わっていたいです。①【面接官：それはなぜですか?】親戚が農家で、農業の振興に興味を持ち、行政側からそれを支えたいと思ったからです。ただ、必ずしも希望の仕事に携われるとは限らないと思います。ですから、幅広い行政分野で経験を積み、より広範で高度な職務に対応できる能力を身につけ、また、部下にその培った経験や能力を伝え、成長を支えられるようになりたいです。②

本気度が伝わるステップアップ

① 10年後を具体的にイメージしていることが伝わる

自分がやりたいこと、理想の将来像を志望するきっかけとともに明確に述べていて好印象。行政職の自治体職員は頻繁に異動するため、希望する部署で勤務することは難しいが、志や意欲を持っているとアピールすることは重要。

② 公務員の仕事を理解している

異動があることや、大きな組織の一員として必ずしも希望が叶えられるわけではないことを理解している。それでも前向きに職務に取り組もうとする姿勢、そして10年後には次世代の成長を支える立場にあるということを理解している点は好印象を与える。

5W1Hでつくる自分の回答「将来像編」

WHAT	10年後は何の仕事をしていたいですか?	ー回答メモー
WHO	誰の影響でその仕事に興味を持ちましたか?	
WHEN	いつその仕事をしたいと思いましたか?	
WHERE	どこでその仕事をしたいと思いましたか?	
WHY	なぜ10年後、その仕事をしていたいのですか?	
HOW	どのように努力すれば、その職務に就けますか?	メモを組み合わせて回答をつくろう! 回答のつくり方は→P.61～

 **Q.21 公務員になることを両親は何と言っていますか?**

質問の狙い! 面接官は、親と良好な関係を築いている受験生のほうが安心します。このような質問はよく投げかけられるので、今日からでも親と話をしましょう。

ダメな回答例 ✗

> ✗ 「親がすすめたから」では主体性がない。収入面だけでの判断もNG

はい、就職活動について相談しています。どんな仕事に就くのがいいかを相談する中で、一般企業のように浮き沈みのない収入の安定した公務員になることもすすめられました。ただ、これまでの経験から市役所職員の仕事が大変な仕事であるということも知っており、もし入ることができたら、上司の指示を守り、どんな厳しい仕事でも我慢して、簡単に辞めるなとキツく言われています。その教えを守るつもりです。

> ✗ 仕事の意義ややりがいには触れず、辞めない理由は収入の安定のためと判断される

 ## ワンポイントアドバイス

聞かれた質問にきちんと答えるのは基本中の基本。的外れな回答をしないように注意。ここでは、公務員になることに対して親が何と言っているか、どのように応援してくれているかを伝える。もし反対されているなら、説得してから受験しよう。

フォローアップ

類似質問 「勤務先が地元ではない場合がありますが、大丈夫ですか?」

狙 い 実家を離れても家族と良好な関係でいられるか、家族の支援を受けられる人物かを見ようとしている。

答え方 「地元を離れたくありません」と即答するのはNG。「はい。実家を離れても親とは連絡を密にとり、連休などに帰ることで対応できると思います」など、家族を大事にする姿勢を見せよう。

本気度が伝わる回答 ○

はい！　両親も○○市職員になることを応援してくれています。【面接官：市民のクレーム対応などキツい仕事があっても？】両親は「あなたがやりたいと思ったことを貫きなさい」と言っており、私の意志を尊重してくれています。【賛成してくれているということですね】はい、○○市職員になりたいと初めて伝えたときも、「世の中にとって必要不可欠で大事な仕事。ストレスも多く責任感の必要な仕事だが、一生懸命にがんばれ」とエールをもらいました。 ①

②

本気度が伝わるステップアップ

① 親が子どもを応援している良好な関係が見える

親子の関係性は、面接官が気になることの一つ。なぜなら、親子関係に問題があると、仕事にマイナスの影響が出ることが多いからだ。この回答では親が○○市職員になることを応援している様子が伝わり、面接官も安心できる。

② ○○市職員になることを親ときちんと相談している

採用後に仕事を辞められては困るので、この回答なら面接官は安心できる。親子関係は人によってさまざまで、相談しにくいが、就職活動では応援してもらわなければならない。親とは面接の前に話をしておこう。

5W1Hでつくる自分の回答 「親子関係編」

		回答メモ
WHAT	両親は公務員になることを何と言っていますか？	
WHO	両親以外で誰かに相談しましたか？	
WHEN	いつ公務員になりたいということを伝えましたか？	
WHERE	どこでそのことを相談しましたか？	
WHY	なぜ両親は賛成なのですか？	
HOW	どのように応援してくれていますか？	メモを組み合わせて回答をつくろう！　回答のつくり方は→P.61～

民間と公務員

　民間企業は、基本的に利益にならないことはできない。組織のすべてがそのために動き、社員も利益をあげてくれそうな人物が優先して採用される。一方、公務員の最大の目的は、市民にサービスを提供することで、金銭的な利益に関係なく奉仕する精神を持った人が求められる。社会には社会共通資本、社会共通制度といった儲けにならなくても必要な分野がたくさんある。身近な仕事では、ごみ処理、大気や水の汚れをチェックする仕事、それに消防や警察の仕事もそうだ。公務員の仕事はこのような公共の利益を目的としており、全体の奉仕者として勤務するのだという基本を押さえておく必要がある。面接官が、「なぜ民間企業も受けるのか」としつこく聞くのは、そのような公務員の役割や仕事を理解したうえで受験しているかを見るためなのだ。

民間企業を受験しているかについて聞かれたらどうすればいいですか？

正直に答え、「○○○○が第一志望で、採用されれば必ず勤めたい」と伝えよう。民間を受ける理由は「すべり止め」は避け、「経済的に就職浪人をする余裕はないため」などとしよう。

Chapter 6

自分の言葉でつくる ベスト回答

─ 時事・性格質問編 ─

Chapter 6では、時事問題にどれだけ関心を持ち、常識的な考えを持っているか、公務員に求められる資質を持っているか、仲間として活動していきたいと思える人物なのかなど、受験生の人物像を探る質問について、どのような回答の仕方があるのか見ていきましょう。

時事・性格質問の回答のつくり方

■時事ネタは普段から収集し、自分なりの意見を用意しておこう
■性格質問では、前向きさと健全な趣味嗜好を伝えたい

時事質問も性格質問も、準備しておくことが大事

　時事ニュースに関する質問に答えるには、日頃からニュースに関心を持ち、新聞などで知識を得ておくことが必要。一方、性格や趣味についての質問は、一緒に働きたい人物かどうか人柄を知るためのもの。自己分析をして、体験を基に答えをつくっておこう。

時事・性格質問の回答をつくるためのステップ

　時事質問も性格質問も、質問される可能性は高いため、準備をしておきたい。それぞれ、2つのステップでできる回答のつくり方を、次ページの説明に沿って身につけ、自分なりの回答を準備しておこう。

● **時事質問の回答のつくり方**

STEP 1 ニュースをチェックする習慣をつける

STEP 2 興味を持った理由&ニュース内容を把握

● **性格質問の回答のつくり方**

STEP 1 自己分析をする

STEP 2 公務員にふさわしい体験を選んで説明

時事質問の回答のつくり方

STEP 1 ニュースをチェックする習慣をつける

新聞やテレビのニュースをできるだけ毎日見るようにして、時事ニュースを知る習慣をつけよう。毎日のように見ていれば、どんなことが話題になっているかわかるはずだ。その中から、気になるものはさらに調べるとよい。

STEP 2 興味を持った理由＆ニュース内容を把握

気になるニュースの中から、さらに3〜4個を絞り込んで、そのニュースの内容と自分が興味を持った理由を文章にしてみよう。ニュースは興味がわいたものなら何でもよいが、有名なものから一つは選んでおく。また、自治体に関するものも一つはあるといいだろう。

性格質問の回答のつくり方

STEP 1 自己分析をする

自分はこういう性格だと思える要素をできるだけ多く書き出す。さらに、なぜそう思うのか、その性格を示す体験や出来事なども書いてみる。家族や友人にも自分のことを聞いてみよう。ただし、ポジティブなものにしておく。

STEP 2 公務員にふさわしい体験を選んで説明

STEP1で挙げた性格の要素の中から、公務員にふさわしいと思えるものを選び、「こういう性格なので、公務員として適性がある」という流れになるように文章にしてみる。その性格であることを示す趣味や習慣、特技などがあれば、説明に付け加えるとよい。

ネガティブな性格要素は、たとえ自覚があっても自分から面接で話す必要はありません。前向きな部分やそれを示す体験談を明るく話すようにしましょう。

Q.22 関心のある最近のニュースを教えてください

質問の狙い!
社会のことにどの程度関心を持っているか、どんな分野に興味があるか、どのようなものの見方をする人物なのかなどを見極めたいと考えています。

ダメな回答例 ✕

はい。コロナ渦において、昨年より窃盗事件の発生件数が減少したことに関心があります。【面接官：それはどのようなことですか?】はい。外出自粛や飲食店の時短営業で空き巣やひったくりが減りました。【特に、どういったところに関心をもったのですか?】はい。犯罪が減って住民が安全に暮らせるようになったところです。

✕ 関心があるはずのニュースなのに、知識が乏しい

ワンポイントアドバイス

普段からニュースに関心を持ち、情報収集しておくこと。どんなニュースになぜ関心を持ったのか、何を感じ、どう考えるか、順序立てて話せるようにしておきたい。

フォローアップ

発展質問 「犯罪を減らすために何が必要だと思いますか?」

狙 い ニュースについて、どこまで考えているかを確認している。

答え方 「はい!」と返事した後は即答せず、しっかりと考える。答えは問題を根本から解決できる名案でなくてもいい。たとえば、「普通の回答かもしれませんが、普段から、町内会などで住民同士がコミュニケーションを取りあっていることが大切だと思います。そのためには……」など、現実的で実行可能な案を提示する。

本気度が伝わる回答 ◎

はい。コロナ渦において犯罪の発生件数が減少したことに関心があります。【面接官：具体的にどのようなことですか？】はい。○○県の全犯罪認知件数は□□件で、前年度に比べ△△％減でした。特に外出自粛や飲食店の時短営業で空き巣やひったくり、自転車盗などの窃盗の件数が減りました。【なぜ犯罪の減少に関心を持ったのですか？】はい。確かに窃盗件数は減りましたが、すぐに明るみにでない犯罪の増加が懸念されるからです。例えば、家に閉じこもっていることでストレスがたまり、家庭内暴力がおきたり、一人暮らしの高齢者をねらった特殊詐欺事件などが発生しています。【そのような事件に対するあなたの意見は？】犯罪の具体的な手口を積極的に広報したり、警察等と協力して犯罪を未然に防ぎ、住民が安全、安心に暮らせるようにすることは公務員の仕事だと考えています。

本気度が伝わるステップアップ

① 当該地域のニュースを収集し、内容を把握している

地域で発生した重要なニュースに関心を持って内容を把握しておくことが大切。そのニュースについての一般的な解釈と自分なりの感想・意見を用意しよう。

② 自分の意見を述べ、それを公務員の仕事にもつなげている

自分の意見を述べることにより、その事件に関する理解度が高いことがうかがえる。公務員の仕事につなげているので、公務員への意欲もうかがえる。

5W1Hでつくる自分の回答 「関心のあるニュース編」

		一回答メモ
WHAT	何のニュースに関心がありますか？	
WHO	誰が関係していますか？	
WHEN	それはいつのニュースですか？	
WHERE	どこで起きたニュースですか？	
WHY	なぜそれに関心があるのですか？	
HOW	そこで気づいたことをどう仕事に活かしますか？	メモを組み合わせて回答をつくろう！ 回答のつくり方は→P.61〜

Q.23 少子高齢化について、あなたの意見を教えてください

質問の狙い！ 官公庁の職員なら知っておきたい行政課題や社会問題に興味を持っているかどうかを確認しようとしています。

ダメな回答例 ✗

✗ ニュースを見ただけで批判するのはあまりに不勉強

ニュースで見たのですが、政府は少子化対策ができていないし、年金の問題もずさんさが目立ちます。このままでは日本の社会が衰退していくことになると思います。この市でも、もっと行政が真剣に対策を考えてくれないと困ります。

✗ 一方的で偉そうな言い方は慎むべき

✋ ワンポイントアドバイス

少子高齢化問題は日本全体の問題であり、公務員を志望している人なら、最低限の知識は持っているべき。少子高齢化問題に限らず、面接時に質問されそうな時事問題については新聞や雑誌、参考書などで調べて、筆記試験対策もかねて勉強しておきたい。ただし、面接ではその課題に対してどういう認識や意見を持っているかを示せるかどうかが重要だ。また、安易な行政批判は反感を買う恐れがあるので、慎重に。

フォローアップ

類似質問	「この市の防災対策についてどう考えていますか?」
狙 い	行政課題や社会問題への知識や興味があるかを見ようとしている。防災対策も少子高齢化問題と並ぶ重要な課題だ。
答え方	できるだけ自分の意見で答える。新聞などで知識を整理しておくほか、自治体のホームページなどでも防災計画については説明があるはずなので、チェックしておこう。

本気度が伝わる回答 ⭕

はい！　介護や医療に従事する人員の不足や、育児や出生率などが心配①です。【面接官：なぜそう思うのですか？】国もいろいろ改革を行っていると思いますが、根本的な出生率向上への取り組みを含め、まだまだ不十分だと思います。しかし、国だけに対策を任せても、解決は難しいのではないでしょうか。たとえば、育児制度や託児施設の充実など、より身近である自②治体や○○市職員ができることも多いかと思うので、私も○○市職員になったら、女性が子育てをしやすいような環境を整えていきたいです。

本気度が伝わるステップアップ 📈

① 基本的な問題点を指摘している

少子高齢化の何が問題か、基本的なことを押さえていると感じさせる。主要な時事問題については、一つひとつ知識を整理し、表面的な回答にならないよう課題や解決策などについてもまとめておきたい。

② 問題意識を持っていると思わせる

国任せにするだけでなく地方の自治体や職員ができることもあるのでは、という視点は、しっかりと問題意識を持っていると評価される。主要な時事問題や受験先機関の抱える課題などについては、自分なりの意見も用意しておくこと。

5W1Hでつくる自分の回答 「少子高齢化編」

WHAT	少子高齢化問題とは何ですか？	一回答メモ
WHO	誰が少子高齢化問題について教えてくれましたか？	
WHEN	いつから少子高齢化が問題になりましたか？	
WHERE	どこで少子高齢化が問題になっていますか？	
WHY	なぜ少子高齢化が問題なのですか？	
HOW	どのように少子高齢化問題を解決すべきですか？	メモを組み合わせて回答をつくろう！　回答のつくり方は→P.61〜

Q.24 親友はいますか?

質問の狙い! 人と親しく付き合える人間か、どんな友人がいるかを確認しようとしています。交友関係から何か学べる人物かどうかを見られることもあります。

ダメな回答例 ✗

✗ 期間は関係ないにしても、半年で親友とは説得力に欠ける

半年ほど前、趣味を通じて知り合った人と仲良くなり、親友になりました。月に1、2回会って、酒を飲みに行ったり、アニメの話を語ったりしながら楽しく過ごしています。

✗ もっと建設的なエピソードを話したい

NGワード 「親友はいません」

本当にそうかもしれないが、ネガティブな印象を与えてしまうのでNG。お互いを「親友」と認めていなくても構わないので、比較的親しくしている友人のことを話そう。

 ## ワンポイントアドバイス

基本的に、「親友はいる」と答えること。そのうえで、どのような付き合いをしているか、なぜその相手が親友なのかなどを話す。「かけがえのない友」「大切な友人」というだけでは伝わらないので、具体的なエピソードを話すこと。さらに、その友人関係で得られた発見や教訓なども伝えると、効果的なアピールになる。

フォローアップ

発展質問 親友との一番の思い出は何ですか?

狙い 交友関係の深さや人間性を見ようとしている。

答え方 素直に印象に残っている出来事や、そこから得られたことを話せばよい。たとえば、「努力した期末テストで思った結果が残せず落ち込んだが、彼の「ここで腐ってはダメだ」という言葉が励みになった」など。

本気度 が伝わる回答 ◎

はい！　小学生時代から10年以上の付き合いの親友がいます。高校か
ら別々の学校に進みましたが、休日にはよく会っています。【面接官：友
人はどんな人ですか？】彼は真面目で責任感の強い人です。高校時代に彼
はケガでサッカーの大会を欠場することになり、そのときは責任感の強
い彼は落ち込んで、二人で部活動に対する思いなどについて何度も語り
合い、お互いを深く理解することができました。勉強以外のことでも互い
に何でも相談できる相手なので、これからもずっと仲良くしていくつもりです。

① ②（本文中のマーカー）

本気度 が伝わるステップアップ ⤴

① 長く続く友人関係は説得力がある

付き合いが長ければいいというものではないが、学校が別々になっても続い
ているなら本当に仲がいいのだなと思わせる。どういう付き合い方をしてい
るかを示す具体的な話をしているのもよい。

② よい友人関係があることを感じさせる

具体的なエピソードを交えて話しており、お互いを深め合い、困難を分かち
合える豊かな友人関係をつくることができる人物であることを感じさせる。

5W1Hでつくる自分の回答 「友人関係編」

		一回答メモ一
WHAT	親友の魅力は何ですか？	
WHO	親友は誰ですか？	
WHEN	いつ親友になりましたか？	
WHERE	どこで親友になりましたか？	
WHY	なぜその相手が親友なのですか？	
HOW	どのように親友と付き合っていますか？	メモを組み合わせて回答をつくろう！ 回答のつくり方は→P.61～

 Q.25 最近読んだ本を教えてください

 受験生の関心がどこにあるか、読書習慣があるかどうか を知るための質問。読書傾向だけでなく、内容の理解度 も確認しようとしています。

😣 マンガを取り上げるのは 避けたい

最近読んだ本ですと、マンガの『○○○』が面白かったです。主人公は 一人の少年なのですが、この少年が奇怪な事件に巻き込まれ、その事件を 友人とともに解決していくという話です。推理が面白いですし、犯人との格 闘シーンはとても迫力があり、また、複雑な人間関係も面白いです。

 「マンガ」「ホラー」など

😣 感想や意見が表面的 なものでしかない

単純な娯楽作品ではなく、自分の考え方や意識を高めることのできる読書をしてい ることを伝えたい。読書習慣がなくても、話題の本など数冊は読んでおこう。

 ワンポイントアドバイス

マンガや「本を読まない」という回答はNG。読書は教養や思考力、感受性などを身につけ るので評価される。読書を習慣化しよう。読んだ本のタイトルと著者名、簡潔な内容、どんな 感想を持ったか、どんなところに感銘を受けたか、何を学んだかについて整理しておこう。

フォローアップ

発展質問	「月に何冊、本を読みますか?」
狙 い	本を読むことが習慣化しているのか見ている。
答え方	普段からよく本を読む人はそのまま答えればよい。あまり読まない人 も思いつく限りの読んだ本を思い出し、それを月何冊かに換算して答 える。趣味が読書と言って月に1冊しか読まない、では整合性がない。

本気度が伝わる回答 ◎

はい！　私が最近読んだのは三浦しをんの『舟を編む』です。出版社に勤務する辞書編集部の主人公が新しい国語辞典を作る話です。言葉には、自分や他人を傷つけることも勇気づけることもできき、言葉の大切さを知りました。【面接官：他にはどんなところがよかったですか？】辞書の世界に没頭する主人公が適切に言葉を表現しようと奮闘するところです。仕事に真摯に向き合い、自分ばかりではなく誰かのために一生懸命になって取り組む姿に感動しました。読んだ後に気持ちが温かくなる一冊です。

① ②

本気度が伝わるステップアップ ⬈

① 本の内容を簡潔にまとめている

最初に概要を簡潔に伝えることで、未読の面接官はどんな本なのか、ある程度イメージしやすくなり、その後の感想も理解しやすくなる。本の内容は長々と話してしまいがちなので注意して、しっかりと感想も言えるようにする。

② 感想や意見を伝えることで本の理解度を示している

浅い感想・意見は面接官に「本当は読んでいないのでは？」という印象を与えてしまう恐れがある。しかし、この回答であればどういったところに感動したかまで伝えているので、本に対する理解度もわかる。

5W1Hでつくる自分の回答 ▶「読書編」

WHAT	最近読んだ本は何ですか？	―回答メモ―
WHO	誰がその本の著者ですか？その著者のほかの作品は読みましたか？	
WHEN	いつそれを読みましたか？	
WHERE	その本のどこがよかったですか？	
WHY	なぜその本を読んだのですか？	
HOW	どのようにその本はあなたの心を打ちましたか？	メモを組み合わせて回答をつくろう！　回答のつくり方は→P.61〜

 Q.26 高校 (大学) 生活は楽しかったですか?

質問の狙い!
受験生の人柄や日常、どんな考え方をする人なのかを知ろうとしています。また、将来への意欲や目標達成能力も知りたいと思っています。

 **ダメ**な回答例 ❌

❌ 「強いて言うと」という表現だと、楽しい思い出がなかったという印象

そうですね……。テニスのサークルに所属し、アルバイトもやっていましたが……振り返ってみて、**強いて言うなら**、サークルの2年目の夏合宿が楽しかったです。**A**県の○○浜の近くで宿泊したのですが、みんなでよい思い出をつくることができました。

❌ 具体的なエピソードを交えて話したほうが面接官を引きつけやすい

NGワード
「1日中パソコンに向かっていました」など
他者との関わりが薄いのでは、という印象を与える。自己PRにつなげられるならばよいが、ほとんどの場合は公務員としてはマイナス印象になる。

 ワンポイントアドバイス

「楽しかったですか?」と聞かれて消極的な反応を見せるのはマイナス。どんなテーマでもよいから、積極的に学生生活を送ってきたことをアピールしたい。まず最初に楽しかったことを伝え、次にその根拠となる具体的なエピソードを話そう。

フォローアップ ▶

発展質問 その体験で学んだことを○○市職員としてどう活かしますか?

狙 い 体験から学べる人物か、どう活かそうとしているかを確認している。

答え方 たとえば「コミュニケーションの大切さを学んだので、それを○○市の仕事で活かしたい」などと答える。ただし、このパターンでアピールする受験生は多い。面接官に伝わる具体的なエピソードを語るとよい。

① はい！　楽しく過ごすことができました。【面接官：たとえばどんなことが楽しかったですか？】特に楽しかったことは、大学2年生のとき、アウトドアサークルの登山で八ヶ岳にメンバー10人で挑戦し、全員で頂上まで登り切ったことです。【どんなところが楽しかったのですか？】事前にみんなで一緒に体力づくりをしたり、登山道具を揃えるためのアルバイトを一緒にやる過程も楽しかったのですが、そうやって長い期間をかけて準備し、無事山の頂上にたどり着いたときの喜びは最高でした。チームで協力してやれば高い目標でも達成できるのだ、と感じました。　②

本気度が伝わるステップアップ ⬈

① 楽しかったという様子が伝わる

最初に楽しかった旨を伝え、その後に「特に楽しかったことは」と言っている。楽しいことがいろいろあった中での選択ということがうかがえる。

② エピソードから協調性や目標達成能力の高さが感じられる

「協調性」という言葉を使わず、エピソードで協調性や目標達成能力の高さを説明している。自己PRはいままで自分が何をやってきたかということ。これを一つのエピソードに絞り込んで語れるとよい。

5W1Hでつくる自分の回答 「高校（大学）生活編」

		一回答メモ
WHAT	何が学生生活で楽しかったですか？	
WHO	誰とそれを行いましたか？	
WHEN	それはいつのことですか？	
WHERE	それはどこで行われましたか？	
WHY	なぜそれが楽しかったのですか？	
HOW	その経験を○○県（市）職員としてどう活かしますか？	メモを組み合わせて回答をつくろう！　回答のつくり方は→P.61〜

Q.27 座右の銘は何ですか?

質問の狙い! 受験生の人生観や物事の見方、考え方を知ろうとしています。また、一般常識や教養を持っているかどうかも判断しようとしています。

ダメな回答例 ✗

✗ 言葉の意味を正しく理解していない。この例なら「初志貫徹」

はい。「首尾一貫」です。【面接官：それはなぜですか?】えー……、何事も基本が大事で、自分の最初の気持ちを大事にして最後までがんばることは大事だからです。これからいろいろと大変なこと、厳しいこと、つらいことがあると思いますが、初心を、なぜ最初に公務員になりたかったのか、ということを忘れずにいれば、乗り越えられると思います。

✗ 過去に自分にとってどんな影響を与えたのか述べられていない

NGワード 「～と思います」など

自分の決意などを語るときに、「～だと思います」という表現では主張に自信がない印象を与えてしまう。伝えたいことは「～です」と言い切るほうがよい。

ワンポイントアドバイス

言葉の意味を理解しておくことはもちろん、自分にどんな影響を与え、どう活かされているか説明しよう。その場しのぎの言葉は、突っ込まれて答えられないと評価が下がるので注意。

フォローアップ ▶

発展質問	尊敬する人はいますか? それはなぜ?
狙 い	受験生の物事の見方や考え方、人生観、人柄を知りたい。
答え方	まず尊敬する人物を挙げ、簡単に人物像もつけ加える。その人物を尊敬する理由を伝え、考え方や生き様が自分の人生や生活にどう反映されたかを説明し、公務員になったらどう役立てたいかも伝えたい。

本気度が伝わる回答 ◎

はい！ 私の座右の銘は「千里の道も一歩から」です。【面接官：それはなぜですか？】野球部に所属していたのですが、監督が部員に「大きい夢を持ち、それを達成するには千里の道も一歩からという精神が大切だ」と教えてくれました。何度も挫けそうになりましたが、その言葉を胸に練習を続け、甲子園出場という夢を追いかけました。【結果どうなりましたか？】県大会決勝で敗れてしまいましたが、一つひとつの努力や経験が積み重なって大きな夢に届くのだと実感できました。○○市職員になっても、市民生活を豊かにするという目標に向け、職務を大切に行っていきたいです。

① ②

本気度が伝わるステップアップ 📈

① 座右の銘の意味を正しく理解している

「千里の道も一歩から」の言葉の意味を正しく理解しているので、話に矛盾が生じておらず、アピールしたい部分がしっかりと伝わる内容となっている。

② どう自分に影響を与えたかについてのエピソードがある

それがなぜ座右の銘となったのか、具体的なエピソードを述べているので理解しやすく、実際にそれが座右の銘であるという現実味が出ている。また、それを○○市職員の仕事につなげることにより、意欲も感じられる。

5W1Hでつくる自分の回答 「座右の銘編」

		回答メモ
WHAT	座右の銘は何ですか？	
WHO	誰かからその言葉を教わりましたか？	
WHEN	いつそれが座右の銘となりましたか？	
WHERE	どこかきっかけになった場所は？	
WHY	なぜそれが座右の銘なのですか？	
HOW	どのようにその座右の銘があなたに作用しましたか？	メモを組み合わせて回答をつくろう！ 回答のつくり方は→P.61～

Q.28 ストレスはどうやって発散していますか?

質問の狙い!　毎日を前向きに送ることができる人かどうかを知ろうとしています。また、自分の心身の状態を整える方法を持っているかどうかも知ろうとしています。

 な回答例 ✗

✗ ストレス解消ではなく、単なる逃げになってしまっている

そうですね……。アルバイトがとても忙しくてストレスがたまっていました。だからストレスの原因だったアルバイトを辞め、勉強に励むことにしました。

苦手な人と一緒にいると、ストレスがたまります。なので、サークルも人間関係のストレスが原因で辞めてしまいました。解消法は、お酒を飲んで嫌なことを忘れることです。

✗ 人間関係でストレスがたまるのはNG。お酒に走るという発言もNG

 ワンポイントアドバイス

「ストレスの原因から逃げれば、解消される」という発言では、「仕事で困難に直面したときも辞めてしまうのではないか?」と、信頼できない印象を与える。スポーツや芸術関係などの健全なストレス解消法があれば、それを素直に話せばよい。

フォローアップ

発展質問	「あなたの健康管理方法を教えてください」
狙い	日々の生活の中で、心身ともに自己管理ができているか見ている。
答え方	健康維持のために気をつけていること、意識して行っていることを伝える。普段から自己管理ができていることをアピールしたい。

はい！　ランニングが一番のストレス発散方法です。私はいくつか資格を持っているのですが、試験勉強などで忙しくなってしまうときには、睡眠時間も普段より短くなりますし、夜眠るときにもいろいろ考えてしまい、なかなか寝つけなくなってストレスがたまりました。そういうときは、何も考えずに自分の好きなコースを5kmほど、30分くらいかけて走ります。そうして身体を

①動かすと、気持ちもずいぶんリフレッシュできます。それに身体が少し疲②れると夜もぐっすり眠れるので、次の日起きたときには身体も気持ちもすっきりとしています。すると、次の日もまたがんばろうと思えるようになります。

本気度 が伝わるステップアップ

① ストレス発散のエピソードが具体的

ストレス発散方法が具体的で現実味があり、面接官の理解も得やすい。また、数値を挙げながら説明しており、さらにわかりやすい内容になっている。

② ストレス発散のための行動が明確になっている

ストレスがたまったときにどうするか、自分なりの解消法を見つけて実践しているところが評価できる。また、「睡眠時間も短くなり」「眠るときにもいろいろ考えて」とストレスの原因を自分で特定できているのも高評価に。

5W1Hでつくる自分の回答　「ストレス発散編」

WHAT	ストレス発散方法は何ですか？	一回答メモー
WHO	誰といるとストレスが和らぎますか？	
WHEN	いつストレスがたまりますか？	
WHERE	どこにいるとストレスが和らぎますか？	
WHY	なぜその方法だとストレスが和らぐのですか？	
HOW	どのようにそれを仕事に活かしますか？	メモを組み合わせて回答をつくろう！　回答のつくり方は→P.61〜

あなたの趣味は何ですか？

質問の狙い！ 受験生の好みや何かに取り組むときの姿勢を知ろうとしています。特技や資格に関しては、配属とつなげて考える可能性もあるでしょう。

ダメな回答例 ✕

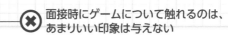

✕ 趣味に没頭するあまり、学校生活がおろそかになっている印象

はい、私は将棋が趣味です。好きなことには没頭する性格なので、授業のある日も寝ないで朝まで詰め将棋を解いていたこともありました。中学のときに夢中になって、7、8年は続いていますので、そういった意味では将棋は特技とも言えます。【面接官：段位を持っていますか？】段位は持ってはいませんが、段位認定の試験を受ければ、おそらく初段くらいにはなると思います。【根拠は？】いつもやっているネットゲームでも、あまり負けないので。

✕ 面接時にゲームについて触れるのは、あまりいい印象は与えない

ワンポイントアドバイス

趣味に打ち込むことは悪いことではないが、この回答例ではそれによって学生の本分である学業や学校生活がおろそかになっており、業務にも支障をきたすのではないかという不安を与える。個性を伝えられるエピソードを用意して、そこから学んだこと、人柄のよさ、教養の高さまでさりげなくアピールしたい。ギャンブルやゲームの話題には触れないほうがよい。

フォローアップ ▶

発展質問	「休日は何をして過ごしていますか？」
狙い	問題行動を起こすような人物ではないか、確認しようとしている。
答え方	何をすることでストレスを発散できて、誰といると楽しく過ごせて、ということを自己分析して回答する。ギャンブルと答えるのはNG。

本気度 が伝わる回答 ○

はい！　私の趣味は自転車です。大学入学時に通学目的でツーリング用の自転車を購入し、本格的に始めました。【面接官：本格的というと？】北海道一周約2000kmに挑戦するというのを目標に、休日には自転車で遠乗りしていました。【目標は達成できましたか？】はい！　大学1年の夏に挑戦したときは、あまり準備もせずに一人で行き、途中で体力もお金もなくなってリタイアしました。それが悔しくて、大学で一緒に行く仲間を見つけて、身体を鍛え直しました。そして昨年、その仲間と3人でしっかりと計画を立てて再挑戦し、北海道一周を達成できました。仲間と協力してしっかりと準備することで、大きな目標を達成できたのは、すごくいい教訓になりました。

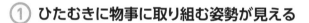

本気度 が伝わるステップアップ

① ひたむきに物事に取り組む姿勢が見える

「北海道一周」という目標を掲げ、一度は挑戦に失敗しているが、そこからトレーニングを継続しており、目標に向かって努力できる人だと伝わる。

② チームワークを力にできる人柄であることがわかる

自分一人ではできなかったことを、仲間とともに達成したエピソードはよい印象。困難も仲間と協力することで乗り越えられる協調性があると評価される。

5W1Hでつくる自分の回答 ＞「趣味編」

WHAT	あなたの趣味・特技は何ですか？	一回答メモー
WHO	誰か一緒に関わった人はいますか？	
WHEN	いつからそれを始めましたか？	
WHERE	どこでそれを行いましたか？	
WHY	なぜそれが好きなのですか？	
HOW	どのくらいそれが得意なのですか？	メモを組み合わせて回答をつくろう！ 回答のつくり方は→P.61〜

「最後に何か質問はありますか？」に対する回答

　面接の最後に、面接官から「こちらに何か質問はありますか」と聞かれることは非常に多い。このとき、「別にありません」というのは、相手に前向きな印象を与えられないので避けたいところ。事前に職務内容や組織のことは調べているはずだから、疑問に思ったことを整理しておき、素直に聞きたいことを質問すればよい。自分が志望する部署の職務内容や課題、キャリアパスなどについての具体的な質問ができると、「よく調べているな」と面接官に好印象を与えられるはずだ。特に、その官庁・自治体が直面している課題やその解決法などについての質問は、かなりハイレベルと言える。ただし、残業時間や給与のことなど、労働条件についてしつこく聞くのは、「休みやお金のことばかり気にして仕事自体に熱意を持っていないのでは」と感じさせてしまうのでNG。

大学では地域での介護支援について研究していて、できれば将来的には地域の福祉に関わる職務に就きたいと考えているのですが、職員のキャリアパスについてどのように考えられているのでしょうか？

何か質問はありますか？

地方公務員は異動の多い職業だが、志を持って熱意を伝えることは重要。やる気がある人物だという好印象を与えられる。

Chapter 7

集団面接・集団討論を突破する！

面接試験では、集団面接や集団討論もよく行われます。そこでは、集団の中でどのような行動をとり、どのような役割を果たせるかが見られています。Chapter 7では、集団面接でのポイントと集団討論の具体例を見ながら、どのように対処すればいいのか学びましょう。

集団面接を攻略するには

■ 集団面接の場では、同じような意見が続出して当たり前
■ 個別面接と同様、面接官の質問にしっかりと受け応えすることが大切

人と違うことを言おうと奇をてらう必要はなし

　集団面接を受けた経験者が必ずと言っていいほど口にするのが、「ほかの受験生の回答が気になってしまった」という感想です。無理もないことですが、他人の意見に振り回されず、自分の考えを伝えましょう。あえて他人と違うことを付け焼刃で話して辻褄が合わなくなったのでは、むしろ逆効果になります。受験生たちの回答が似通ったものになることは、面接官は承知のうえです。

　突飛な意見が求められているのではなく、それよりも質問の意図を把握してきちんと答える姿勢が大事です。また、集団面接では、各人に与えられた時間が短いので、簡潔かつ丁寧に意見を述べることも意識しましょう。

同じ結論でも、そう思う理由を付け加える

　自分が言おうと思っていたことを、ほかの受験生に先に言われてしまっても焦らずに。たとえ結論は同じでも、なぜそう思うのか自分なりの理由を付け加えよう。ただ他人の意見や最大公約数的な回答をなぞっているのではなく、考えたうえでの発言であると示したい。

例
前の方と同じになりますが、すみやかに上司の指示を実行に移すことが大切だと私も思います。そうすることで被災者へのサポートをスムーズに進め、早く原状回復することが第一と考えます。

FAQ 集団面接にまつわる、よくある質問と答え

Q1 話がズレると、よく言われます。
何か改善方法があるなら教えてください。

A1 「自分が話したいこと」を優先するのではなく、「面接官が聞きたいこと」はどのような内容なのかを理解して答えるように努めましょう。自分のアピールしたいことを前面に出さず、相手の質問の意図に沿って回答できるよう日頃から心がけることです。そうした能力はどのような職種にも求められますが、さまざまな住民の話に耳を傾け、対話を重ねることが求められる公務員には、特に必要な能力なので十分に訓練しておきましょう。

Q2 集団面接ならではの注意点はありますか?

A2 受験生の人柄や意欲を見るという点では、集団面接も個別面接も基本的に同じです。ただ、集団面接では数人 (5〜9名) が一度に集められるため、面接する側は受験生を比較しやすくなります。したがって、身だしなみや態度、話し方や声の大きさなども、個別面接以上に注意しましょう。また、集団面接と通知を受けて試験場では集団討論が実施されるケースもあるので、事前に準備しておきましょう。

7

集団面接・集団討論を突破する!

CHECK 自分の順番が終わっても気を抜かずに

集団面接の特徴は、自分が質問を受けていない時間帯が長いこと。重要なのは、その間も面接官と他の受験生の会話に真剣に耳を傾けること。自分が答え終わったからといって、もう役目はすんだからと興味のない態度をとっていたのでは、減点間違いなし。「今の○○さんの発言をどう思いますか?」と質問を受けることもあるので油断は禁物。そうでなくても、面接官の前で気を抜くのは受験生としてもってのほかである。

集団討論を攻略するには

- ■ 議論を闘わせる場ではなく、チームワークが発揮できるかが大切
- ■ 事前に役割分担を決めておくと話が進みやすい

集団討論は“相談”して結論を導き出せばいい

　討論といっても構える必要はありません。そこで問われるのは、コミュニケーション能力や、チームワークに徹することができるかといった協調性です。自分の意見に周囲を従わせようなどと意気込むことも、逆に苦手意識を持って弱気になることもなく、自然体で臨めばよいのです。集団討論は、友人同士など親しい仲間数人でする“相談”と一緒だと考えましょう。ここではほかの参加者（受験生）をライバルと思うより、「みんなで合格しよう」と協力して議論を進める意識が大切です。見知らぬ者同士の会話を活発化させ、周囲の意見に耳を傾けつつ与えられた時間の中で結論を導き出せるよう、全員で努める前向きな姿勢が大切です。

集団討論と通常の相談の流れは同じ

集団討論は通常の相談と実質的に同じ。会話の流れは以下のようになる。

集団討論		友人との相談
❶ テーマが与えられる	⟷	❶ 「今度、みんなでどこかへ出かけよう」（テーマ）
❷ 各自で考える時間	⟷	❷ 「テーマパークへ行こうよ」（自分で案を出す）
❸ 意見を出し合う	⟷	❸ 「遠いし、混んでいると思うなぁ」（意見を出す）
❹ 意見を整理する	⟷	❹ 「それじゃあ、近くの遊園地はどう? 搭乗予約できるし」（まとめる）
❺ まとまった意見を代表者が発表する	⟷	❺ 「近くの遊園地に決定。次の土曜日にアトラクションを予約して行こう」（代表者が発表する）

集団討論における4つの主な役割

集団討論では、与えられた時間内に意見をまとめるため、あらかじめ役割を決めておくのが鉄則です。それぞれの役割とポイントは、以下を参考に。

① 司会 (討論の活性化、まとめ役)

○ こんな人向き
・日頃から仲間うちの会話をまとめることが多い人
・意見の調整や会話をスムーズに進めることが得意な人

✕ よくある失敗
・より上手なまとめ役がいて、役割をうばわれてしまう
・制限時間内に結論を導き出せない
・意見をまとめようと焦って、メンバーに同意を強要してしまう

アドバイス　全員で合格する気持ちで話し合いを進め、一丸となる姿勢をうながす。

② タイムキーパー (時間管理役)

○ こんな人向き
・日常的に早め早めの行動を心がけている人

✕ よくある失敗
・討論に夢中になって、本来の役割を忘れてしまう
・開始時間を確認し忘れ、残り時間がわからなくなる

アドバイス　途中で経過時間を伝える。状況に応じ、タイムスケジュール変更の提案も。

③ 書記 (討論内容のメモ役)

○ こんな人向き
・それぞれの意見を聞いたうえで要点をまとめるのが得意など、仲間うちで調整役を務めることが多い人

✕ よくある失敗
・メモをとるだけでいいと思い、意見をまとめる手助けを怠る
・議論の内容を記録することで手いっぱいになり、会話に入れなくなる

アドバイス　話をまとめることに助力する意識を忘れず、要点のみをメモする。

④ 役につかない人 (意見を出す、意見のまとめ役に協力する人)

○ こんな人向き
・表立ってリーダー役を務めることのない人

✕ よくある失敗
・発言が少なくなる

アドバイス　自ら意見を出しつつ、全員で合格しようという意識で議論に協力する。

【裏の司会役】公平に全員の意見に耳を傾けて話をまとめることに自信がある人は、あえて役割につかずスムーズな進行の手助けに回るのも一つの方法。脱線気味になる人を軌道修正しつつ、司会ほど前面に出ず、論理的な意見を述べて話がまとまる方向へと誘導しよう。

集団討論を突破する4つのポイント

集団討論は決して難しいものではありません。次に挙げる4つのポイントをしっかり頭に入れておき、当日は積極的に議論に参加しましょう。

① 前向きな姿勢で、全員で合格しようという態度を示す

発言が少ない人に「Aさんはどう思いますか?」と質問して会話に加わりやすくするなど、ほかの受験生に親身に接して全体のチームワークに貢献している印象を与えるようにしましょう。後ろ向きな発言や自分の意見にこだわりすぎるのはNGです。

② テーマから脱線しないように

ディスカッションするうちに熱くなりすぎたり、最初からテーマを履き違えて、ズレた発言をしたりする受験生は少なくありません。テーマをきちんと理解して、テーマに沿って冷静に発言するように気をつけましょう。もし自分がテーマからズレた発言をしていることに気づいたら、その時点ですぐに修正しましょう。

③ まず結論から述べて、次にその理由を説明する

結論から話して、そこに理由をつけ加えるのは、面接の際と同様に発言の鉄則です。理由を説明するときに、根拠となる体験談やエピソードがあれば説得力が増します。

④ ほかの受験生の発言に相づちを打つ

しっかりと人の話に耳を傾けている人は、おのずと相づちを打つ回数が多くなります。聞く姿勢が周囲にも伝わるので、意識的に相づちを打ちましょう。集団討論では、自分の意見を考えたり伝えることに集中するあまり、相手の話を聞いて相づちを打つことを忘れがちになりますが、それでは、ほかの受験生の意見に興味がないように見えてしまいます。

CHECK 確実に減点になる5タイプ

❶ 自己中心的・暴走タイプ
- 延々と自分の意見を話し続け、他人が発言する時間を減らす人
- 自分だけが正しいと信じ込み、かたくなに主張を譲らない人

❷ 後ろ向きタイプ
- 他人の意見を否定するばかりで、本来の目的を忘れている人

❸ 発言量が極端に少ないタイプ
- まったく発言しようとしない人

❹ 優柔不断タイプ
- 意見がはっきりせず、人の意見を聞いてすぐに自分の意見を変えてしまう人

❺ 短気でいじわるタイプ
- 人の反対意見にカッとなりやすい
- 他人の意見を見下してからかう

集団討論の評価のポイント

　集団討論は、仮想の社会的シーンで各受験生がどのような役割を果たすのかを試すものです。社会人としての資質や実践的能力をはかるため、討論の間、面接官は受験者たちを観察し、いくつかのポイントで評価を下します。

― 面接官の視点 ―

貢献度

- 問題解決に役立つ情報を提供しているか。
- もつれた議論をときほぐし、わかりやすく整理して全員に提示できるか。
- 議論が的外れな方向に進んだとき、軌道修正に導くことができるか。
- 話し合いを円滑に進めるために、適切な論点を提供できるか。
- わかりやすく筋道の通った意見を述べているか。

リーダーシップ

- 残り時間や議論の状況など、全体の状況を見通して大局的な判断ができるか。
- 正しい方向へグループを導けるか。
- 意見が分かれたとき、全体をまとめる手腕を持っているか。
- 話し合いを共通の結論に導く計画性があるか。

社会性

- 他のグループメンバーの立場になって考えることができるか。
- グループメンバーと積極的に協力しているか。
- 集団の中で自分が果たすべき役割を理解しているか。
- 社会通念に適合する考えの持ち主であるか。

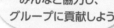

みんなと協力し、グループに貢献しよう

FAQ 集団討論でよくある悩みに答えます

Q1 先に同じ意見を言われ、また、ありきたりのことしか言えないと思い、発言を控えてしまいます。

A1 「私もAさんと同じ意見です。なぜなら、過去に○○という体験をしたので、○○と思うようになりました」といった発言をすれば、ただ他人の意見に追従している印象にはなりません。

Q2 与えられたテーマに対して、特別に優れた結論を導き出す自信がありません。

A2 結論は無難なもので構いません。合否の基準になるのは結論自体ではなく、積極的だったか、協力的だったかなど、討論中のそれぞれの姿勢が面接官の評価対象になるからです。

時間内に終わらない失敗例（集団討論❶）

■ 集団討論では意見をまとめていく姿勢が評価されるため、時間内に討論を終わらせて意見集約をしないと印象は悪くなり、不採用の確率が上がります

暴走タイプの参加者を止められなかった

　ここでは、暴走する人（Bくん）をうまく止められず、時間内に討論が終わらない場面を例に、想定される受け応えに沿いながら要点を確認していきましょう。

受験生6名

Aくん

Bくん

Cさん

Dくん

Eくん

Fくん

課題用紙

『SNS（ソーシャル・ネットワーキング・サービス）への関わり方について。また、行政の活動にSNSを使う場合の課題について論じてください』

はじめの10分で課題について各自検討して個人の意見をまとめ、残り40分間で全員参加の討論を行ってください。

A では、始めましょうか。議題はSNSについてですね。

B SNSへの関わり方と、行政にSNSを活用するときの課題という2つのテーマですね。まず最初に、❶議事進行の役割を決めませんか？

A どなたか司会を希望する人はいませんか？　❷もしいなければ、私が担当させていただきますが、どうですか？

B ❸よろしければ、私が司会を担当しましょうか？　いかがですか？（Bくんが司会、Eくんが書記、Dくんがタイムキーパーに決まる）

A ❹テーマが2つあって制限時間は40分なので、総括の時間も考えると1つの課題に15分意見を出し合って、5分で意見を集約しましょう。それだと1つの課題について20分ずつで、時間ピッタリになりそうですね。（Aくんの時間配分に全員同意する）

B では、討論を始めましょう。最初は、「SNSへの関わり方」について。みなさん、どれくらい利用していますか？　私の場合から話すと、SNSを毎日利用していますが、利用し始める前に比べてコミュニケーションの輪が広がり、友人とのコミュニケーションはもちろん、趣味や嗜好の合った友人が海外にもできました。みなさんはどうですか？

C たしかにそういう便利な面はありますよね。でも私は、ツイッターとかのSNSがもたらすものには負の側面もあると思います。不特定多数の誹謗中傷するような人たちにも情報をさらしている危険性があると言えませんか？　友人がSNSで知らない人たちからいじめられて、すごく落ち込んでいたことがあって。SNSの使い方のルールやマナーを、しっかりと決めていかないとダメだと思います。

E ❺私もCさんの意見に賛成です。根拠は……特にないんですけど、ちょっと怖い感じはありますよね。（Aくん、Dくんも Cさんと同じ意見だと発言し、Fくんもうなずく）

B そうは言っても、友人や家族などとの連絡にLINEとかのSNSを毎日利用している人もいるんじゃないでしょうか。便利さを感じませんか？

○ ❶最初に役割を決めると議論しやすくなる。「役割を決めないで進めてください」と面接官側から指示があることも。その場合はリーダーシップのある人が自然と司会の役割になる

○ ❷自ら立候補しながら、司会希望者を募る積極性・公平性は高く評価される

○ ❸自ら立候補する積極性は評価される

○ ❹時間配分を決め、議事進行に気を配る姿勢はプラス評価

✕ ❺理由を述べない発言はNG。ほかの受験生と同じ理由でもいいので自分の意見として回答したほうが印象はよい

7

集団面接・集団討論を突破する！

左注：

❻感情的な発言も注意が必要。市民のクレームに対応するときにも、すぐに怒ってもめ事を起こすのではと不安な印象を与えてしまう

❼SNSの専門的な内容にこだわりすぎて論旨がテーマからずれている。時間も使いすぎ

❽Fくんの発言が極端に少ない。それに気づいて発言を引き出すような姿勢は、好印象になる

❾個々の意見だけだった議論をまとめる条件を提示し、方向性を示した点が高評価。議論の方向性を変えるときは「肯定＋提案＋理由説明」を意識

❿ほかの人と同じ意見でも、自分なりの理由を加えて話せば印象はよくなる

⓫他人の意見をきちんと聞いたうえで根拠を示せば、意見を変えても問題ない

⓬意見がまとまりかけたタイミングで論旨を要約する姿勢は、議論の流れをつかんでいると評価される。討論のスピードも速まる

本文：

C たしかにそうですが……。私もLINEやツイッターは毎日利用していますが、SNSへの関わり方にもっと厳しいルールづくりが❻絶対必要だと思います。無意識に利用して人を傷つけている人も多いと思います！　違いますか!?

B まあまあ、落ち着いて。そもそも、SNSが一般的にコミュニケーションツールの一つとして認知されたのがここ最近のことですから。電話やメールと同じように徐々にルールが確立されてると思いますよ。だいたい、それぞれのSNSに登録するときに、プライベート情報の扱い方とか、発言のマナーとか学べる情報はたくさん出されているはずなんですよ……❼　（SNSのマナーやルールの話が２分続く）

F ❽……。

A みなさん、ＳＮＳに対していろいろ感じていることはあると思います。❾提案ですが、先にテーマの定義づけをしませんか？　課題ではどの立場でＳＮＳに関わるか、あいまいにだと感じました。今出ている意見は、個人個人がどのようにＳＮＳに関わっているかという意見だと思います。ただ、我々は○○市職員を目指しているので、ここでは市の職員の立場からＳＮＳについての関わり方を考えていきませんか？　磐田市ではインスタグラムを使っての情報発信が行われていますが参考になるかもしれませんね。

全員 （同意する雰囲気）

E Aさんの提案に賛成です。❿それぞれの意見は筋が通っているのに、どこか噛み合わないと思っていたのですが、その原因はSNSにどのように関わるかという立場の違いですね。Aさんの提案を活かして市の職員の立場で考えると、SNSは自治体からの情報発信に利用する場合の観点と市民の意見などの情報収集に利用する場合の観点がありそうですね。……Bさん、どうですか？

B ⓫市の職員という立場で考えてみると……、出会いの場というより市民の議論の場としての可能性がありそうですよね。そのためには、自治体から発信する情報も、市民から寄せられる情報や意見も、いかに信頼性の高いものとして維持できるかがすごく重要ですね。ルールづくりが重要だというCさんの意見にも賛成です。

E ⓬では、SNSは市の職員としての立場で考えれば、広く

発信力のあるツールであるからこそ厳正な運用ルールが必要だという意見はみなさん同じですね。そして、市の職員としてSNSを活用するには、発信するにしても情報収集するにしても、情報の信頼性を高く保てる仕組みが必要であるということでよろしいでしょうか？

全員 （同意する）

A タイムキーパーのDさん、最初の議題の残り時間はあと何分ですか？

D ⓭すみません、3分過ぎてしまっています。次の議題に移りましょう。残り16分くらいです。

B わかりました。では、1つ目の課題は先ほどのEさんのまとめでいいですね。次は、「行政の活動にSNSを使う場合の課題」ですね。みなさん、どんな課題があると思いますか？

C 先ほどの話題の続きになりますが、やはりSNSを利用する際のルールが課題だと思います。Bさんもおっしゃっていましたが、自治体が運営するSNSでは信用性の高い情報が求められますよね。そこにデマや企業広告みたいなものが紛れ込んで広まったら、面倒な事態になりそうですね。リアルタイムで情報が流れるSNSでは、最初に考えないといけない問題じゃないでしょうか。

B 私はコミュニケーション学を学ぶゼミに所属していて、そこで資料として読んだのですが、SNSで公共機関を名乗った発信元からの情報は、個人名発信の情報より信頼度が高いと受け取る側に認識されるという実験結果がありました。SNSの場合、何らかのミスで公共機関から間違った情報が発信されると、リアルタイムに情報が拡散していくので食い止めるのはなかなか難しいものがあります。根拠のないデマにしても、拡散を食い止めるのは難しいですよね。

C ⓮それはSNSを利用した犯罪ですよ。私の友人の実家は農家なんですが、東日本大震災のときに……（1分程度、友人の話が続く）。

B そうなんです。SNSは個別の地域の事情に合った情報をリアルタイムで発信することができますが、信用性のない情報も同じようにスピーディーに広く拡散してしまい……（再びコミュニケーションに関する話が2分続く）

⓯ではみなさん、ほかに課題は何かないでしょうか？

✕ ⓭タイムキーパーなのに時間管理ができていないのは、役割が果たせない人物とみなされる。自分から「そろそろ1つ目の課題をまとめませんか?」と議論を仕切る姿勢が必要

✕ ⓮感情的な発言はマイナス評価。後ろ向きな発言に同調するばかりでは、社会性が低いと評価されることもある

○ ⓯議論参加者全員に発言を引き出す姿勢が、司会として評価できる

E SNSはたしかに便利な情報ツールですが、そこからこぼれ落ちる情報弱者にも行政からの情報が公平に行き渡る必要がありますよね？　たとえば、SNSで被災者への援助金の支給などを知らせたとき、SNSを利用する人と利用しないお年寄りとの間に、有利不利が発生してはまずいですよね。

A 市の職員という立場からみると、SNSが便利だからこそ利用していない人へのケアは重要ですね。⑯今のところ、SNSを防災・防火に有効に活用する条件として、情報の信頼性の確保とSNSユーザー以外へのケアの2点が挙げられています。これ以外に意見のある方はいませんか？

B SNSはとても便利な情報ツールではありますが、まだまだ進化途上の情報ツールなので、情報の信頼性をどう確保するかなどは、これからの課題だと思います。⑰一部のSNSでは、そうした取り組みも行われていますが、そもそもSNSが一般に認知され始めたのは10年ほど前からで…

A Bさんに挙げていただいたように、便利な半面、課題は多そうですね。⑱ただ、時間もあまりないので意見を集約しませんか？　私はこの議論での意見は大きく2つに分類できると思います。1つ目は、SNSに流れる情報の信頼性をどう確保するかです。2つ目は、SNSユーザー以外へのケアです。スマートフォンとSNSはたしかに便利な情報ツールです。だからこそ、情報収集においてはSNSを使える人と使えない人との差は大きくなってきているように思います。⑲しかし、公務員である市職員としては、すべての市民に対して平等に役立たなければなりません。Eさんの意見にあったように、SNSを使わないお年寄りなどが不利益をこうむることのないよう、SNS以外の方法を含めた情報伝達を工夫するべきだと思います。SNSは行政の活動や市民とのコミュニケーションにも大いに役立つと思いますが、この議論で出た2つの課題には常に留意する必要があると思いますが、どうでしょうか？

全員 （納得してうなずく）

B ⑳別の観点になってしまいますが、アメリカの自治体などではフェイスブックやツイッターを活用して、住民の声を行政に反映する取り組みが浸透しつつあるんです。たとえばロサンゼルス市では……（説明が続く）。

○⑯Eくんの発言を要約し、議論の流れをよくする姿勢でプラス評価

✕⑰Bくんは、SNSに関する知識は豊富。しかし、今までの発言を見ると、SNSへの学問的なアプローチへの情熱はあっても、自治体職員への思いはあまり感じられない。趣旨をはき違えたうんちくを繰り返すのもよくない

💡⑱論点がずれた議論を終わらせて、出された意見を要約し、流れをまとめたのは高評価

○⑲SNSを使用していない人への配慮を、公務員という視点からの意見として、みんなにわかるように説明したのは評価される

✕⑳時間が終わるのに新たな論点を挙げているのは、司会担当のBくんは議論が見えていない証拠。大きなマイナス評価

制限時間内に意見をまとめる意志を持とう

　　暴走タイプのBくんが、意見を展開する集団討論になってしまいました。Bくんが議題に対して知識豊富だったこともあり、そのアピールに時間を失いました。そのため論点が定まらず、意見の多様性にも欠け、議論を深めてまとめることができませんでした。さらに、タイムキーパーのDくんも時間を管理できず、個々には議論を戻す努力が見られましたが、まったく協力しない受験者もいて、グループで時間内に結論を出すという意志に欠け、時間内で意見がまとまらないという結果になってしまいました。

ポイント　集団討論の失敗で合格も遠のく

　集団討論の大前提は、時間内に意見をまとめ、結論を見出すことです。そのため今回の討論は失敗ですが、制限時間と議論の流れを意識していたAくんは、暴走タイプのBくんをやんわり止めて議論を進行させる対応が適切でした。そのため、時間内に議論がまとまらなくても、Aくんだけを通過させる可能性があります。「自治体職員として住民と接するときも適切な対応ができるだろう」と面接官が評価できる人物が、集団討論を通過しやすいのです。

● 総合判定

Aくん　通過の可能性大。暴走する人の止め方もうまく、時間や議論の流れに留意していた。ほかのメンバーと協力して早めに止められればさらによかった。論理性・指導性ともに高評価。

Bくん　(司会) 不採用。知識は豊富だが、司会にもかかわらず自分の話が多く、議論の進行に留意していない。自己中心的な印象。

Cさん　不採用。発言は多いが、内容が感情的になることがマイナス。

Dくん　(タイムキーパー) 不採用。与えられた役割をまったく果たしていなかった。

Eくん　(書記) 場合によっては通過の可能性あり。後半は意見をまとめるなど、議論進行への貢献度が高かった。

Fくん　不採用。黙っているだけでは、評価の対象にもならない。

テーマの定義づけによる成功例（集団討論❷）

■ テーマ中で共通認識が持ちにくい議題を早めに定義づけして、何について討論するのかを決めると時間内に結論まで持っていきやすい

何について討論するのか明確にして成功した！

　もう１つの集団討論の具体例を参考にして、集団討論の要点を押さえていきましょう。「討論する議題の定義づけ」と「討論の流れをつくる」というポイントで成功した例です。

受験生6名

 Aくん　 Bくん　 Cさん

 Dくん　 Eくん　 Fくん

課題用紙

『大規模地震から住民を守るために、行政の活動で大事なことは何か？　またその課題は何か？』

> 開始10分で課題について各自検討して持論をまとめ、残り40分間で全員参加の討論を行ってください。

A ❶まず討論中の役割と時間配分を決めましょう。いかがですか？

（タイムキーパーはFくん、書記はCさんが立候補）

B 司会は誰がやりますか？

（それでも立候補なし）

A ❷では、司会は私がさせていただきます。よろしいでしょうか？

全員　（異議なし）

A ❸まず、時間配分を決めたいと思います。課題が2つありますので、1つの課題について、15分で意見を出し合って残り5分でまとめるのは、いかがでしょうか？

全員　（同意する）

A では始めましょう。❹まず、私から発表しますね。大規模地震時に、自治体として何ができるかと言えば、まず消防や警察、医療機関、水道・電気などの公益事業者と緊密な連携をとって、正確な情報を収集し、正確な情報を提供することでしょうか。特に大地震だと、一度に多くの場所で負傷者が出ますし、通信網や交通網が破壊されるでしょうから、まず正確な情報の収集と提供が大事になってくると思います。

F 私は住民を守るという観点からすると、地震が発生する前の防災活動や防災情報の提供、避難訓練などがとても大切だと感じます。❺私自身、アルバイト先の書店で消防署の方の指導に沿って避難訓練に参加したことがあります。参加してみると、とっさのときにどう行動すべきか、意外にみんな知らないということを感じました。より多くの人が避難訓練に参加できるよう、行政として企業や地域社会に働きかけることも、とても大切だと思います。

B 地震が起こった後の消火や救急・救命活動や避難誘導などは消防や警察、自衛隊が主に担当するでしょうから、Fさんの言うように行政としては地震発生前の「防災」に力を入れるべきなのかもしれませんね。

C ❻たしかに、Bさんのおっしゃるように地震発生前の「防

❶討論を進める前に、役割と時間配分を決めると議論が進めやすい

❷司会を引き受けることに参加者が消極的な中で、Aくんの積極性はプラス評価

❸討論の進行や時間配分を示すのは、いい提案。参加者全員で意思統一がはかれる

 ❹自分の意見を述べて討論の導入部にするのはいいが、論点が広がりすぎる懸念がある。まずは「行政の活動で大事なこと」について、ある程度の方向づけをしたいところ

❺避難訓練が大切な理由を実体験とともに説明している点が、論理的に話をできるということで評価される

❻Bさんの意見を認めたうえで、議論が偏ってしまわないよう方向修正している。大局的なものの見方ができるということで大きなプラス評価になる

災」はすごく大事だと思います。ただ、自治体の職員も避難誘導は行いますし、避難所の管理なども行うはずです。行政の役割は、地震発生前から被災後の復旧、復興まで、ずっと続いていくものなので、被災前の活動だけを強調しすぎないほうがいいと思います。

B おっしゃるとおりなのかもしれませんけど……。

A たしか ❼「災害対策基本法」で、各自治体が定めるべき地域の「防災計画」を規定していたはずです。防災のためや災害発生時の対応のために、こうした項目について計画を立てなさいと規定していて、その中に情報の収集や、避難訓練などの項目もあったと思います。

D 大地震というと、大きな津波も想定する必要がありますね。❽体験してないからわからない部分が多いですけど。そのようなときには、市の職員も避難誘導にかり出されたりするんですかね？　津波の危険がある地域で活動することになったら、ちょっと怖いな……。

F すみません、タイムキーパーのFです。❾１つ目の意見出しの時間は、残り10分です。議論の内容が少し広がりすぎていると思うので提案なのですが、一度、話し合う内容を絞り込みませんか。たとえば、地震が発生する前と地震発生後の２つに分けて、行政が行うべき活動で大事なことを挙げていきませんか？　いかがでしょうか？

全員 （納得し、同意する雰囲気）

A ❿ Fさん、ありがとうございます。たしかに分けて考えるとスムーズに出てきそうですね。「行政が行うべき活動」を地震発生前と発生後で分けて、挙げていきましょう。

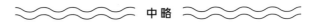 中略

A だいぶ意見も出てきましたね。みなさん、ほかに意見はありませんか？　⓫ Eさんはどうですか？

E ⓬みなさんがほとんど言ってくれたので大丈夫です。

A わかりました。
気づいたことがあったら遠慮なく発言してくださいね。

F 15分経過です。
そろそろまとめの時間です。

左側メモ欄：

❼ 行政についての知識を活かして議論を進めつつ、遠回しにBさんをなだめている。司会者として高い評価に

❽「体験していないからわからない」「怖いな」とネガティブな発言が続くと、協調性がなく後ろ向きと受けとられ、いい印象を与えない

❾ タイムキーパーとして、時間内に討論をまとめられるように積極的に発言している。あいまいだったテーマが方向づけによって意見を出しやすくなった。主体性を評価される

❿ 司会のAくんが、討論があいまいになりそうなところをタイミングよくまとめた。タイミングのよさは、指導力があるという評価を得やすい

⓫ Eさんの発言が少ないことに気づき、発言をうながした点は司会として高評価

⓬ 発言が少なく、うながされても意見を述べないのはマイナス

A ⑬ Fさん、ありがとうございます。では、まとめに入りましょうか。Cさん、今まで意見はいくつありました？

C （書記のCさんが、今までに出た意見を読み上げる）

A ありがとうございます。地震の前が5つで、後が4つですね。これを1つ目のテーマの回答としてよいでしょうか？

全員 （賛同する）

A では続いて2つ目のテーマ、大規模地震から住民を守る行政の活動における課題について議論を進めたいと思います。

F ⑭残り時間が18分なので、12分で意見出しを行って、5分でまとめるということで進めましょう。

全員 （賛同する）

A では、みなさん、
どんな課題がありますか？

C ⑮提案なのですが、ぱらぱらと意見を出してもまとめにくいと思うので、さっきの1つ目のテーマの答えに沿って、それぞれの課題を考えるのはどうでしょうか？　たとえば事前の「防災訓練の実施」だと、1つには、いかに多くの住民に避難訓練などに参加してもらうかが課題だと思います。

A では、1つ目の回答に沿って課題を挙げていきましょう。「防災訓練の実施」については、みなさんどうでしょうか。

F ⑯昼間の時間は多くの人が会社などで働いているので、住んでいる地域だけでなく、多くの企業や大規模施設に防災訓練に参加してもらうことも大事ですね。

B ⑰企業だとなかなか参加してくれない印象ですよね。個人でもそうですけど……。やっかいだな。

A そこまで考え始めると時間がなくなるので、まずは回答に沿った課題をどんどん挙げていきましょう。次の「防災知識の普及」については、みなさんどうでしょうか。

D ⑱啓蒙活動も難しいですよね。地震の発生する前の平穏なときだと、学校みたいな所以外では、防災の話なんて興味持ってくれなさそうですよね……。

C ⑲平時に啓蒙活動を行うときの方法論は考える必要がありますね。住民との接点を増やすためにSNSを上手に活用するとか、手軽に知識が得られるよう工夫するとか。

A ありがとうございます。時間がないので、少し急ぎましょう。次は「情報の収集・連絡体制の整備」について、何か

○ ⑬書記に確認しながら、よく議論を進めている姿勢は高評価

○ ⑭残り時間を伝えるだけでなく、時間設定を仕切り直した。柔軟に時間の使い方を提案している点で印象がよい

○ ⑮課題の考え方を提案することで、討論の流れをつけた。また、自ら明確な意見を述べて、議論をうながし、協力する姿勢が高評価

○ ⑯自分の意見とその理由を簡潔に述べている。Fくんはタイムキーパーだが、討論に積極的に参加している姿勢がよい

✗ ⑰後ろ向きな発言は、いい印象を与えない

✗ ⑱Bくんの後ろ向き発言に、Dくんも乗ってしまった。Dくんもマイナス評価

○ ⑲Dくんの意見を直接否定せずに、前向きな課題としてとらえ直した対応は好印象。Cさんの発言は、ポイントをついた内容や前向きな姿勢がプラス評価

意見がありますか？

━━━━〜〜〜━━━━ **中略** ━━━━〜〜〜━━━━

⑳終了時間が迫っている中、時間を認識するようにタイミングよくアナウンスする積極性が高評価

F ⑳そろそろまとめの時間です。

最後に何か意見はありますか？　Eさんはどうですか？

E みなさん、すごいですね……。私も、通信の確保や避難訓練の実施は大切だと思います。

A ありがとうございます。ほかにはありませんか……。それでは、まとめましょうか。Cさん、課題として出た意見を読み上げてもらえますか。

C （書記のCさんが、出た意見を読み上げる）

A ありがとうございます。では、全体をまとめましょう。1つ目のテーマについては、大規模地震の発生前と発生後に分けて、発生前は、「防災訓練の実施」「防災知識の普及」「情報の収集・連絡体制の整備」「避難・収容体制の整備」「生活物資などの備蓄」の5つ。発生後は、「対策活動体制の整備」「救助・救急、医療、消火活動の計画」「交通確保、緊急輸送の計画」「被災者への情報提供」の4つ。発生前の活動についての課題は○○○と○○○、○○○、○○○。発生後の活動についての課題は○○○と○○○、○○○、○○○⑳ということでよろしいでしょうか？

㉑司会としての最後のまとめを行いながら「ということでよろしいでしょうか」とみんなに確認をしている点が、協調性を感じさせてよい

全　員 （同意）

A みなさんのご協力で時間内にまとまりました。ありがとうございました。

全　員 ありがとうございました。

集団討論ではまわりの採用担当を説得する、という意識を持つことが大事。討論の最後に結論を出すわけですが、実際に行動できる現実的な政策となるようにしましょう。その政策をすることのメリット・デメリット、しない場合のメリット・デメリットなどを話し合い、話題を絞り込んでいき、最後にその話題が是か非かに持ち込みます。そしてメリットが多いのならばそれを採用、といったように進行すると、採用担当に対して非常に説得力があります。

議論をまとめようとする全員の意識が大事

　　議題の「行政の活動で大事なこと」は、あいまいなテーマであるため、さまざまな角度から意見が出されると議論が広がりすぎる可能性があります。そこで視点を地震発生前と発生後という時間軸で区切って方向づけしたことで意見が出しやすく、議論もまとまりやすくなりました。集団討論には時間制限があるため、時間をうまく配分しながら議論を進める必要があり、タイムキーパーや司会者だけの努力では難しいものです。各人が時間配分に気を配り、広く意見を出し合い、公平に意見をまとめるなど、参加者全員が協力する姿勢が出たよい集団討論の例でした。

> **ポイント　テーマをはっきりさせ、時間を意識するのが成功の秘訣**

　意見を出し合うときに、参加者の認識が揃わないで話題が拡散しそうになったり、後ろ向きな発言で盛り上がりそうになったりしました。また、時間が足りなくなりそうだった点は危ないところでした。
　しかし、司会やタイムキーパーが時間配分を意識しながら進め、書記が議題を定義づけすることで、時間内にうまく意見をまとめられました。このような集団討論を目指しましょう。

● 総合判定

（司会）採用。司会として議論の流れをつくる適切な言動が多い。

不採用。後ろ向きな発言が目立った。

（書記）採用。テーマの定義づけを意識した姿勢が高い評価。書記としての見本となるような仕事ぶりだった。

不採用。発言の理由が不明瞭で、後ろ向きな発言が目立った。

不採用。発言がまったくないのは評価に当たらず。

（タイムキーパー）採用。タイムキーパーとしての時間管理のみならず、議事進行に積極的に貢献していた。

集団討論で使える フレーズ集

■ 黙っているだけでは不採用。積極的に参加する姿勢を見せよう
■ 局面ごとのフレーズを覚えておくと、討論をスムーズに進められる

フレーズを知って発言を増やす

　集団討論の場で極端に発言が少ない、あるいはまったく発言しない受験生が見受けられるのが実状です。当然、それでは評価を得られず、採用を勝ちとれるはずがありません。とはいえ、やみくもに発言すればよいわけではなく、話し合いを一つの結論に導くという本来の目的を忘れてはいけないのも事実です。ここでは、討論のさまざまな局面で、流れに沿って使えるいくつかのフレーズを紹介します。これらを覚えておけば、おのずと発言数を増やすことができ、また討論をスムーズに進める役にも立ちます。

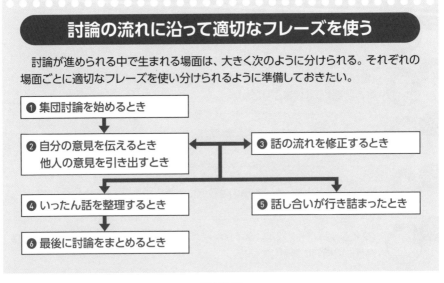

討論の流れに沿って適切なフレーズを使う

　討論が進められる中で生まれる場面は、大きく次のように分けられる。それぞれの場面ごとに適切なフレーズを使い分けられるように準備しておきたい。

❶ 集団討論を始めるとき

❷ 自分の意見を伝えるとき
　他人の意見を引き出すとき

❸ 話の流れを修正するとき

❹ いったん話を整理するとき

❺ 話し合いが行き詰まったとき

❻ 最後に討論をまとめるとき

1 集団討論を始めるとき

まずは自己紹介から始めましょう

誰かが話し出すのを待つより、勇気を出して口火を切ってみよう。自己紹介の際に全員の名前をメモしておけば、ほかの受験生に呼びかけるときに惑わない。

よろしければ、私が司会を担当させていただきます

司会役を希望する場合、こうして自ら切り出せば、ほぼすんなり決まる。

どなたか、○○を担当していただけませんか？

司会、書記、タイムキーパーを誰かほかの受験生に頼みたい場合に使う。

私はこのテーマに詳しくないのですが、どなたか詳しい方がいたら、ポイントを少し教えていただけませんか？

まったく知識のないテーマが出題された場合、こうして基礎知識を最初に提示してもらうことで、その後の話し合いに加わっていけるようにする。

2 自分の意見を伝えるとき

○○であると思います。そのように思う理由は2つあります。まず……。次に……

伝え方で相手が受ける印象や説得力は大きく変わる。先に結論を述べ、理由を付け加える論理的な話術を身につけたい。

私もAさんの意見に賛成です。△△だから、□□だと考えます

自分が言うつもりだった意見を先に言われても、意見を変えることはない。同じ意見でも自分なりの理由を述べよう。

他人の意見を引き出すとき

Bさんは、これについてどう思いますか？

発言の少ない人に意見を求めるときは、相手の言葉に「なるほど」と相づちを打つと、その後も発言しやすくなる。

Cさんの意見はとてもよいですね。そこから、こう考えられるのではないでしょうか。なぜなら……

他人の意見をさらに発展させる場合は、まず元の発言者に賛同することを伝えることで相手の心証もよくなる。

③ 話の流れを修正するとき

Aさんの意見に、私は基本的には賛成です。
ただ、△△という点については、□□という意見です。
▲▲では■■だと思うからですが、いかがでしょうか?

ほかの受験生と意見が食い違った場合は、真っ向から論破しようとせず、柔らかく否定する。ただし、なるべく他者の意見を否定しないに越したことはない。

なるほど。Bさんは○○という意見をお持ちですね。たしかにそういう考えもあると思います。ただ、△△というテーマからは少し離れたように思いますが、いかがでしょう?

テーマからズレた意見をやんわりと否定し、討論の方向を戻す際はこのようなフレーズで。あからさまな否定とは違い、相手も強く否定されたと感じない。

はい。よくわかります。そういった意見もたしかにあるでしょう。ただ、今はできない理由を考えるより、どうやったらできるかを一緒に考えませんか?

反対意見や「それは不可能」といった後ろ向きな発言が続く場合もある。そんなときに討論を建設的な方向に戻すためのフレーズ。否定を続ける人の話が途切れるタイミングを見計らって、「はい」と手を挙げてから切り出す。

④ いったん話を整理するとき

みなさんの発言を整理すると、3つの大きなポイントがあると思います。まず○○、次に□□、そして△△です。みなさん、このまとめでいかがでしょうか?

話を整理するときは、まず大まかに「ポイントは○点」と提示して、それぞれの要点を改めて紹介すると、ほかの人も考えを整理しやすくなる。

なるほど。今の発言は、○○は□□である。その理由は△△だから、ということでよろしいでしょうか?

他者の発言がわかりにくいときは、わかりやすく言い直して全体に伝えよう。

5 話し合いが行き詰まったとき

> すみません。具体的には、どういうことですか？　もう少し具体的に考えてみませんか

あいまいな表現ばかりする人もいる。要領を得ない発言の際には、具体的な例による説明を引き出して、話し合いを前に進めるように努める。

> 現在、○○が成り立つかどうかで話し合いが膠着してしまっています。時間も限られていますので、○○が成り立つケースを仮定してみませんか？　そのうえで時間が残ったら、成り立たないケースを考えてみましょう

与えられた時間内に結論を導き出すことも重要なポイント。それとなく時間が経過していることを伝えて、議論をまとめるよう全体にうながそう。

↓

6 最後に討論をまとめるとき

> あらかた意見が出尽くしたようですね。何か言い残したことがある方は、発言をお願いします

新たな発言が出なくなり、時間が少し余ったときや結論となる意見がほしいときは、改めて全体に発言をうながす。そうすることで沈黙を防げる。

> これまでの討論をもう一度、整理してみましょう。まず……

課題によっては、討論の結果を最後に発表するように求められることもある。きちんと話を整理しておくことによって、スムーズに発表できるようになる。

> みなさん、お疲れさまでした。ありがとうございました

ごく常識的なあいさつのフレーズではあるが、自分から発言することが大事だ。

これらのフレーズを実際に口に出して練習しましょう。一つでも多くのフレーズを理解しておくことで、討論の場でいざというときに自然な言葉を発することができます。しっかりと自分の言葉として身につけておきましょう。

グループワークと
集団討論

　グループワーク（GW）とは、選考対象となる受験生がいくつかのグループに分けられ、出されたテーマに対してグループ全員で考え、何かをつくったり、結論を出したりするもの。集団討論と同様、グループのメンバーで役割分担を決めて協力しながら行うので、事前の対策も集団討論とあまり変わらないと考えてよい。ただ、GWは実際に手を動かして作業することが多く、小道具などを使うこともあるので、手先が器用な人が有利。不器用な人は、まとめ役などになるといいだろう。採用側がGWを行うのは、協調性や積極性、コミュニケーション能力、創造力、あきらめずに最後までやろうとする意欲などを見るためだ。ゲームのように取り組めるので、楽しく感じることもあるかもしれないが、当初の目的を忘れないように気をつけよう。

集団討論との共通点

❶ 事前にテーマが与えられる

❷ 協調性を見ている

❸ 積極性を見ている

❹ コミュニケーション能力を
　見ている

❺ 結果は大した問題ではない

集団討論との相違点

❶ 何らかの形になるものを
　つくる場合が多い

❷ 3〜4人のグループに分けられる

❸ グループとグループでの
　話し合いがある

❹ 時間は30分〜1時間と長め

❺ 最後にワークの結果を
　プレゼンすることがある

Chapter 8

魅力的な
面接カードの書き方

面接カードは、質問項目に対して回答を記入し、面接の前に提出しておくものです。面接官はこのカードを見ながら、興味を惹かれた点や気になる点を質問してくるため、自分をアピールするきっかけにもなります。魅力的な面接カードの書き方を学びましょう。

読みやすい面接カードにする

■ 各自治体によって面接形式が異なるので事前に確認しておく
■ 面接での質問の基になる資料が面接カードであることを心得ておく

すぐに内容を理解できる読みやすいカードを目指す

　面接カードは、実際の対面を前に面接官が受験生の基本情報を得るためのツールです。このカードを土台に面接は進められるので、カードの書き方、何を書くかが重要になってきます。面接カードを書く際に忘れてはいけないのが、1日に何人もの受験生と対話する面接官はかなり疲労する、ということです。そこで分かれ道になるのが、さっと目を通すだけで要点が伝わる面接カードになっているか否かです。どう書いたら読みやすいか？　どのようにまとめたら、あなたの人柄やアピールポイントを理解してもらえるか？カードを読む面接官の立場で考えてみることです。

　ここでは、読みやすく理解しやすいカードの書き方として、以下の4つの記入テクニックを伝授します。これらの記入テクニックを身につけ、面接官が理解・納得しやすく、そして自分の思いや経験を十分に伝えられるようにしましょう。

面接カード記入のテクニック

テクニック① 結論から書く	テクニック③ 一文一意にする
テクニック② 具体例を使って説明する	テクニック④ 読みやすく書く

　面接時の回答と同様に、面接カードに記入するときも設問への結論から先に書きます。志望動機欄を書く場合を具体例に、ポイントを押さえましょう。

具体例　志望動機を書く場合

Before

❶私は働くうえで、世の中の役に立つ仕事をしたいです。❷私が●●市役所の一員として働けるなら、市民が困っていることを第一に対応し、住民が安心して暮らせるよう、仕事の大小に関わらず、真摯に取り組んで日々努めていきたいです。

ココが甘い！

❶ 先に動機についての説明がきている

❶の内容は、「なぜ公務員になりたいのか」という動機を説明する前置きに過ぎない。これでは回りくどく、言いたいことが伝わりにくい。

❷ 設問に対する結論が後回しになっている

結論に当たるのは❷。動機についての説明があることで、肝心な「このような理由で公務員になりたい」というメッセージが薄まっている。

After

❶私が公務員を志望する理由は、市民が安心して暮らすための職務に就きたいからです。私は働くうえで、世の中の役に立つ仕事をしたいです。周囲の方たちからうかがった中で、組織の利益より住民の暮らしを優先する公務員という職務こそ、私の希望とする職だと感じました。❷公務員となり、住民が安心して暮らせるようにしたいです。

ココがポイント！

❶ 冒頭で結論を述べている

最初に「なぜ公務員になりたいのか」という理由を述べたことで、伝えたい内容ははっきりとした。そうすれば、面接官も質問がしやすくなる。

❷ まとめの文を最後に入れる

最後にまとめを一文で入れているので、結論がさらに強調される。冒頭で述べた内容と結論がズレないように気をつけよう。

テクニック② 具体例を使って説明する

　説得力を高めるためには、具体例を使って説明することが必須です。具体例が添えられていれば、カードに書かれた内容や思いが伝わりやすくなります。自己PR欄を例に、具体例があるものとないものを見比べてみましょう。

具体例 自己PR欄を書く場合

> **Before**
>
> ❶私は日頃から、何事に対しても責任感を持って取り組むことを心がけています。そしてその責任感が私の強みです。やはり何事にも責任感を持ち、真面目に取り組むことが重要だと考えています。ただ、責任感を持って真面目に取り組むだけでは、融通の利かない印象を与えてしまいます。まわりと意見を出し合って協力していくことで状況がよくなっていくのだと思うので、公務員になっても、みんなと協力して問題解決などにあたりたいです。

ココが甘い！

❶「姿勢」を説明しているだけで、具体性がない

これでは、「責任感を持って取り組む姿勢」について説明しているだけに過ぎない。面接官が知りたいのは、「責任感を持って取り組む姿勢」と「責任感を持って取り組む一方で必要なこと」ではなく、その姿勢を受験生が本当に持っているかだ。具体性が伴わなければ、受験生が「責任感を持って取り組む姿勢」が大事だと考えているとはわかっても、その姿勢で実際に仕事に取り組むものかどうかは確信できない。

あなたの体験談こそが、具体例として回答案づくりの基になります。Chapter3を参考に、その体験談を必ずリストアップしておきましょう。「たいした体験談がない…」と悩んでしまう人は、「面接では使えないのでは？」と思う程度の体験談も書き出してみること。リストアップしてから、どうにかならないものかと考えていると、実は意外にも使える体験談だったと気づくことがあります。ネガティブな思い込みで、伝えるべき体験を埋もれさせてしまわないようにしてください。

After

　私の強みは、何事に対しても責任感を持って取り組もうとする姿勢です。❶今年の3月に市のゴミ回収のボランティア活動に参加したのですが、それは突然不参加になってしまった友人の代わりとしての参加でした。突然の代行だったので戸惑いはしましたが、一度やるとなった以上、半端に参加したくないと思い、前日に主催者の方に会って、詳しい内容を確認するようにしました。

　実際に活動をしてみて、自分の担当した区画が綺麗になっていき、それを見て笑顔になる住民の方々の様子を見ることができ、❷改めて社会の役に立ちたいという思いを強くしました。今後も責任感を持って、大変なことでも半端に対応したり投げ出したりせずに、公務員として人の役に立つように努力し続けていきたいです。

ココが
ポイント！

❶ 強みが発揮された体験談を具体例に用いている

なぜ戸惑ったのか、その戸惑いに対してどう向き合い対処していったのかが具体的に述べられているので現実味がある。

❷ 公務員の仕事につなげてまとめている

公務員になりたい思いや、どのように自分の強みを仕事に活かそうと考えているのかを、記入欄の最後で伝えている。

ＣＨＥＣＫ　思いが伝わる具体例の条件

　面接では具体例が絶大な効果を発揮する。思いが伝わる具体例の条件は以下。

☐ 5W1Hを意識する

何を（What）・誰が（Who）・いつ（When）・どこで（Where）・なぜ（Why）・どのように（How）という6つの要素を示すことを意識して説明する。

☐ 時系列に沿って書く

事実を時系列で書けば、「何が」「どうなったのか」読み手に伝わりやすい。

☐ 他人の「声」を使う

体験談に他人が登場すると、そこに客観的な視点が加わるため具体例が伝わりやすくなる。「〇〇さんに〇〇と言われた」という他人の声は、証言としての威力を持つ。

テクニック ③ 一文一意にする

　面接カードの文章があまり長いと読みづらく、かえって伝わりにくくなります。1つの文で伝えることは1つに意味を絞り、短く簡潔にまとめるようにしましょう。それでは、自己PR欄の具体例を書く場合の例を考察します。

具体例　自己PR欄（具体例のみ）を書く場合

Before

❶最初は心を開いてもらえず、❷呼びかけても返事をしてもらえませんでしたが、❸表情を見ながら親身に教えるようにしたところ、❹塾を気に入ったと保護者の方から連絡をいただき、とても安心しました。

ココが甘い！

❶❷❸❹　一文に4つの意味を入れている

この例では、「打ち解けてもらえなかった」「返事もしてもらえなかった」「表情を見ながら親身になって教えるようにした」「塾を気に入ったとの反響を聞いて安心した」という4つの意味が一文で述べられている。これでは、どこに話の中心があるのか、どの点をもっとも強調したいのかが伝わらない。しかも、全体的に主語・述語が欠けていて、なおさら内容が伝わりにくくなっている。

After

　最初は、生徒に心を開いてもらえませんでした。呼びかけても返事をしてもらえないほどでした。❷そこで、私は生徒の表情を見ながら親身になって教えるようにしました。結果、生徒が塾を気に入ったと保護者の方から連絡をいただき、とても安心しました。❶

ココがポイント！

❶ 一文につき、一つの意味になっている

4つの意味（要素）ごとに、文章を1つずつに分けている。そうすることで起承転結がはっきりとし、全体として話が伝わりやすい。

❷ 時系列で説明され、主語・述語も加わっている

話の転換点で、接続詞（「そこで」）が効果的に使われている。また主語と述語が入り、「誰が何をしたのか」が明確に示されているので、読み手が深く読み込むまでもなく、話の内容を把握することができる。

テクニック④ 読みやすく書く

　目立つことを重視して、面接カードを読みにくいものにしてしまう受験生がいます。そのような面接カードは、面接官にとっては単なる配慮の欠けたカードです。軽く目を通すだけで内容が伝わる、読みやすい書き方をすることが理想です。そのためには、以下に挙げる5つのポイントがあります。

● 読みやすく書くための5つのポイント

ポイント1	余白を少し残す
ポイント2	アンダーラインを上手に使う
ポイント3	とにかく丁寧に書く

ポイント4	改行ができるようであれば、改行をうまく使う
ポイント5	いくつか挙げるときは、箇条書きや、番号を振ってもよい

具体例　学生時代の一番の思い出を書く場合

×NG例　細かい文字で記入欄いっぱいに書いてある

　副主将を任された大学3年次のサークル活動です。というのも、サークルの登録メンバーは50人以上いましたが、練習やイベントに参加するのは10人程度で、連帯感が薄い状態だったからです。私はなんとかしてメンバーの参加意識、連帯感を高めたいと考えました。そこで、役職者と協力して、隔週でサークルのイベントを企画することにしました。また、レベルごとの練習メニューを導入することにも力を入れました。その結果、練習やイベントに参加する人数が増え、サークルの活発化に貢献することができました。

　小さすぎる文字で記入欄がびっしりと埋め尽くされている。読みにくいという以前に読む気がしなくなり、むしろ逆効果になる。

○OK例　余白を残し、うまくアンダーラインを使っている

　<u>副主将を務めた大学3年次のサークル活動です</u>。メンバーの参加意識、連帯感を高めるために、役職者と協力して、①隔週のイベントの企画と②レベルごとの練習メニュー導入に力を入れました。その結果、練習やイベントに参加する人数が増え、サークルの活発化に貢献できました。

　余白を残しながら、ほどよい大きさの文字で丁寧に書かれている。また、冒頭の結論部分にアンダーラインが使われていて読みやすい。

　5つのポイントすべてを兼ね備えようと意識しすぎると、かえってゴチャゴチャしてしまうこともあります。見た目に"読みたくなる"バランスを心がけましょう。

 自己PR欄の記入例

使命感の強さという特性について書いた例

　使命感の強さが私の強みです。大学で所属した野球部では、3年次から学生トレーナーを務めました。❶ 負傷選手のケアはもちろん、負傷を未然に防ぐため練習環境の整備にも配慮するのがトレーナーの務めです。❷ その責務に強い使命感を持って臨み、負傷の回復が思わしくないのに無理をしようとする選手には毅然とした態度で指導にあたり、負傷の悪化を防いできました。こうした経験を活かし、公務員となっても市民が安心して暮らせるために、縁の下の力持ちのような業務に積極的に取り組んでいきたいです。

❶ 公務員の仕事と共通点のある具体例になっている

　他者や状況に配慮し、負傷の悪化（被害拡大）を防ぐという点で、公務員の業務の一つに通じる具体例を挙げており、説得力が高まっている。実際のケア内容については、伝えるべきこととズレるので細かく説明する必要はない。

❷ 特性を活かし、実際に行動した内容を簡潔に述べている

　特性を説明するためには、具体例（体験談）が必要になる。実際にとった行動の内容や、その行動を起こす原動力となった気持ちが「使命感の強さ」という特性のアピールに重なり、うまくつながっている。

こんな質問に
備えよう！

困難だったことには、どのように対処しましたか？

　「いつ」「何をして」「誰が」「どうなったか」を具体的に答えよう。たとえば、「はい、負傷の状態がよくならないうちにきつい練習をする選手がいたので、説得するのが大変でした。無理することが負傷悪化や別の箇所に負担をかけることにもつながり、復調を遅らせる危険性を説き、慎重に復帰を目指すように諭し、別メニューで組んだ練習にも付き合いました。結果、その選手が負傷前の能力を取り戻す手助けができたので、周囲からも信頼を得られました」など。

複数の特性をアピールした例（社会人の場合）

　私が公務員の任務に活かせると考える強みは2つあります。**❶** まず、一つ目が、緊迫した場面でも冷静かつ客観的でいられることです。この強みを活かすことで、意見の衝突で感情的になった議論を軌道修正する役割を現在の職場では何度となく果たしてきました。もう一つが、誰とでも気張らずに接することができるところです。市のボランティア活動に初めて参加したときも、見知らぬ老若男女さまざまな人が参加していましたが、わからないことを積極的にまわりに聞き、そうすると自然とみんなで明るく活動ができるようになりました。**❷** この強みを今後は公務員の仕事に活かし、さらに親しみや信頼ができる住民のための市役所になるよう努めていきたいです。

ココがGOOD!

❶ アピールのバランスがとれている

　冷静で客観的であることは、感情的になっている人を前にしても、公務員として適切な行動をとれそうな印象を与える。また、人あたりのよさも伝え、頭でっかちでないことをアピールしている。

❷ 自分の長所を公務員の仕事にどう活かせるかも伝えている

　自己PRを伝えるだけで終わらず、「さらに親しみや信頼ができる住民のための市役所に」という目標を自分の長所を活かして実現していきたいという主張があり、やる気が伝わってくる。

こんな質問に備えよう！

どのように感情的になった議論を軌道修正しましたか？

　どのような局面で、どのように対処したのかを具体的に伝えること。たとえば、「はい、私は宣伝部に所属していましたが、あるとき新商品のPR方法をめぐって部署内で2つの案が対立して、どちらも譲りませんでした。その際、私が双方の相違点と共通点を把握して、着地点を見つけました」など。対立の原因がどこにあったのかについても触れると、さらに信憑性と説得力が増す。

志望動機欄の記入例

公務員の災害時の活動に興味を持った例

市民の方々の豊かな生活実現に貢献したく志望いたします。

小学生の頃、台風で洪水警報が出たとき、近所の避難所に避難したことがあります。そのときに、市の職員の方たちが昼夜を通して私たちのお世話をしてくださっているのを目撃し、社会に貢献する仕事に興味を覚えました。❶高校や大学では、福祉施設や被災地域などでのボランティア活動にもできる限り参加してきました。自分の将来を真剣に考えた結果、私はＡ市の職員になり、❷生まれ育ったＡ市のみなさんの福祉向上や豊かな生活づくりに貢献したいと考え、志望しました。

❶ 具体例の内容が公務員の職務に沿っている

具体例を述べていることで、日頃から公務員の職務に適合した行動をとっていることがわかる。実際に行っているボランティア活動に触れているので説得力が増している。

❷ 受験先を選んだ理由にも触れている

冒頭の「市民の方々の豊かな生活実現に貢献したく」という理由に加え、「生まれ育ったＡ市のみなさんの〜」と最後にまとめていることで、受験先を決めた理由も明確になっている。

こんな質問に
備えよう！

「自分の将来」を具体的にどのように考えましたか？

ストレートに回答すること。ただし、公務員のみを志望していることを伝えよう。たとえば、「はい、実は自分の進むべき道を決めかねていたので、民間企業への就職も現実的な可能性として考えてみました。ただ、民間企業の説明会に参加すれば参加するほど、私が就きたいのは公に供する仕事であり、その中でも特にＡ市の職員になりたいという希望が明確になりました。その気持ちが日増しに強くなっていったため、Ａ市の職員一本で志望しようと固く決心しました」など。

福祉活動を見た体験を使った例

　高齢者がより暮らしやすい環境づくりをしたくて志望しました。

　Ａ市の職員として福祉関係の仕事に就くことが私の長年の目標でした。小学生の頃、近所の同級生のおじいさんが認知症で行方不明となりました。私も可愛がってもらっていたので様子を見に行ったところ、市の職員の方たちが街頭放送での呼びかけや、手分けして捜索していました。そのおかげもあって、おじいさんは無事に見つかり、喜び合う友だち一家の姿を見ていたら、私も感動していました。そして、安心したと同時に、❶人の助けとなる公務員の職務の素晴らしさ、責任感に強く胸を打たれました。それ以来ずっと、Ａ市の職員になることが私の目標であり、生まれ育ったＡ市で福祉関係の職務に就きたいと考え、志望しました。

ココがGOOD！

❶ 志望の決め手がわかりやすい

　公務員を志望するようになった理由が具体的に述べられていて、熱意が伝わりやすい。公務員の職務に触れた実体験や目撃談がない場合は、周囲から聞いた話でも構わない。たとえば、「親戚の家が洪水で床上浸水したが、駆け付けた市の職員の呼びかけで迅速に避難場所へ誘導され、大事にいたらなかった。当時はパニックになっていて誘導がなければ命を落としていたかもと叔母から聞き、それがきっかけで公務員を意識するようになった」といった内容でもOK。

こんな質問に備えよう！

公務員の仕事に夢を持ちすぎているのではないですか？

　志望先の職務をきちんと理解したうえで志望していることを伝えよう。たとえば、「はい、決して甘い気持ちで志望しているわけではありません。Ａ市職員の職務は幅広く、異動も多いと聞いています。そのため、必ずしも希望した部署に配属されるとは限らないことも認識しています。ただ、そうした経験も私自身の成長の糧となるはずですので、ゆくゆくは何らかの形で "Ａ市の福祉向上" に資することができるはずだと考えています。そのためにもＡ市の職員を強く志望します」など。

部活動・サークル活動欄の記入例

運動部に所属していた場合の例

中学、高校と陸上部でトラック競技に汗を流しました。❶ 個人種目でも努力しましたが、リレーなど団体種目に出場するときはさらに力が入りました。プレッシャーも感じましたが、よい経験になりました。

文化部に所属していた場合の例

高校で吹奏楽部に所属していました。初心者での入部だったので不安でしたが、❷ 先輩や経験者の同期生たちから親身にアドバイスを受けて溶け込めました。私自身も後輩には親身に接するように心がけました。

ココがGOOD!

❶ チームに対する責任感が伝わる

個人種目以上に団体種目でプレッシャーを感じたという体験から責任感の強さが伝わる。個人種目に専念していた場合でも、「同じ種目の選手同士でフォームをチェックし合った」など協調性を伝える体験談を入れたい。

❷ 周囲への感謝と配慮が伝わる

親身にアドバイスを受けたので初心者でも溶け込めたと周囲への感謝の念を表している。その経験を踏まえて自らも後輩には親身に接したと記し、親切を受けた分、他人にも親切にしようという素直な気持ちが伝わる。

こんな質問に
備えよう！

大学でも陸上を続けようと思わなかったのですか？

「もう記録が伸びないと感じた」「単位取得と両立させるのが難しいと思った」といった後ろ向きな理由は避けよう。「高校まで思いきり打ち込むことができ、一定の満足感を覚えた。走ることは趣味として続け、大学では新たなことにチャレンジして視野を広げたいと考えた」など、前向きな理由が望ましい。

文化系サークルに所属していた場合の例

　映画同好会に所属していました。❶ メンバーで役割分担して協力し合って自主作品をつくり上げ、その過程で苦心したこともよい思い出です。

スポーツ系サークルに所属していた場合の例

　大学でテニスサークルに所属していました。❷ 高校まで運動部に入ったことがなかったので、楽しんで続けられそうなサークルを選び、身体を動かすことが好きになりました。

ココがGOOD!

❶ 仲間たちと共同作品をつくる過程を思い出に挙げている

　メンバー同士で協力し合い、苦心しつつも一つの作品を完成させた充実感が伝わる。これが「学園祭で上映されたことが思い出」では、単に日の目を見たからよしとしようという印象を与えかねないから注意。

❷ サークルを選んだ理由と目標、結果がつながっている

　「高校まで運動部に入ったことがなかった」という理由、「楽しんで続けたい」という目標、「身体を動かすことが好きになった」という結果が一体になり、自分が思い描いたとおりに実行できたことを示していてよい。

こんな質問に備えよう！

せっかく好きになったことを、これからも続けたいですか？

　就労後も趣味として続けたいならば、「身体を動かすことは健康の維持や体力強化につながり、仕事をするうえでも活きると思うので、余暇を活かして続けていきたいです。時間が空いたときにはジムに通うことも考えています」など、仕事に支障をきたさない範囲で現実的に考えていることを示すとよい。

専門学科・ゼミナール欄の記入例

「選考とその選定理由」の記入項目の例

　経済学専攻　大学受験当時は経済を学ぶことが就職に有利と考えていました。**❶** しかし、在学中に公共政策の重要性を痛感し、県職員として県民の生活向上に貢献したい気持ちが強くなりました。

「卒論テーマまたは所属ゼミの研究テーマ」の記入項目の例

　所属ゼミの研究テーマ：環境保全（環境問題に強い関心があり、このゼミを志望しました。研究の中で**❷** 都市開発の影響について学ぶうち、自然保護を考慮した都市開発に従事したい思いが強くなり、公務員のみを志望。）

❶❷ 公務員志望につなげている

　どちらの例も最終的に公務員志望につながっている。
　また、❷の例は環境保全という自治体職員の職務にも関係するテーマについて学んだことを示しているが、たとえ学んだテーマが公務員の業務とは関係性の薄いものだったとしても、公務員を志望する理由を明記することによって、マイナスの印象を払拭できる。何よりも大切なのは、現在は公務員の仕事に興味が強いことを伝えることだ。

こんな質問に
備えよう！

その研究テーマを完成させるうえで、困難だったことは？

　素直に「困難だったこと」を伝え、「工夫したこと」などは補足的に答えればいい。たとえば、「環境問題は理論を学ぶだけではなく、フィールドワークで行政の担当者や住民の方への聞き取りなどが必要になりますが、口の重い方もいて、話を聞き出すのが困難なときもありました。こちらの質問の仕方についても考えさせられ、知らない方との対話という点で社会勉強にもなりました」など。

「好きな学科とその理由」の記入項目の例

大学生の場合

好きな学科：社会学、文化人類学

その理由：グローバル化社会において ❶ 多文化共生について学ぶ必要を
感じ、また興味深かったため。

高校生の場合

好きな学科：日本史

その理由：現在の日本はどういう歴史をたどってきたのか、その経緯を学ん
でいくことが面白いです。

ココがGOOD!

❶❷ 自分の興味のある学科を素直に記入している

　興味や目的意識を持って学んだことが述べられていて、面接用につくられた理由でないことが伝わる。公務員の仕事に直結する学科が思いあたらなければ、強引につなげるよりも、ここは力を入れて学んだ学科について素直に記せばよい。なお、社会人は直近の学生時代の学業について書くこと。

こんな質問に備えよう！

何を目標にしていましたか？

　大学生の場合、たとえば「多文化共生社会の現実を理解するために、カナダの多文化主義について学ぶことを目標としていました。多文化共生を学ぶうえで、二言語二文化で構成されるカナダの歴史を理解することが重要と考えたからです」など、自分で決めた目標を伝えよう。高校生の場合、たとえば「自分の歴史観をレポートにまとめることを目標としていました。日本史の先生に、ただ学ぶだけでなく、歴史に対して、自分の言葉で自分の意見をまとめることが重要だと言われたからです」など、アドバイスを受けて目標を立てた内容にするとよい。

関心事・気になったニュース欄の記入例

議員の不祥事を扱った例

　A県B市の○○議員の不祥事についてです。先日飲酒運転で問題となった○○議員のニュースを見て、公務員としてあってはならないことと、憤りすら覚えました。❶ 地域や住民に奉仕する公務員が、人々の安全を脅かした決して許されない事件とも言えます。安心・安全な日常のために、公務員は責任感を持って飲酒運転などの危険をなくしていかなくてはならないと、改めて強く感じました。

地域経済の活性化を扱った例

　新型コロナウイルスの感染拡大で落ち込んだ経済活動が、どのように回復するかに関心があります。農作物の生産者が、ライブ動画配信サービスを利用して収穫物を説明しながら直接販売する方法が注目され、成果をあげています。❷ 地場の特産物を全国に広める方策として、このようなインターネット配信の可能性があると思います。行政として講習会や助成金を充実させ、地域産業が活性化するよう尽力するのも公務員としての役割の一つと考えます。

 ココがGOOD!

❶❷ 公務員の職務を真剣に考えていることが伝わる

　議員の不祥事やエネルギー問題に触れ、それらに対する自分の意見も述べている。そうすると「自分が公務員となって働くことを真剣に考えているんだな」と、志望意欲の高さが伝わる。

こんな質問に
備えよう！

具体的には、どのように職務に取り組んでいきたいですか？

　どのような取り組みに力を入れたいかを伝える。たとえば、「特産品の素晴らしさを他府県にもアピールして需要を喚起する仕事に携わってみたいと考えています。市の産業を活性化することで、市民の生活も豊かになると考えるからです」など。

少子高齢化の話題を扱った例

　少子高齢化について関心があります。少子高齢化が進む中、さまざまな問題が今後懸念されます。一つに介護の問題があります。少子高齢化になれば、高齢者の人数は圧倒的に多くなり、さらに介護に従事する人の数が減れば、高齢者のケアが行き届かなくなり、介護の現場も激化していきます。❶ 汎用性の高い安価な介護ロボの開発・導入など、どのようにその問題を解決していかなければならないか、行政は方法を見出さなくてはなりません。そういう新しい解決方法などを提案できるように、経験や知識を蓄えていきたいです。

インターネット問題を扱った例

　インターネット上の、個人情報流出問題です。SNSなど、個人情報がたくさんの人の目に触れているという意識が低い場合は、その個人情報が悪用されているかもしれない、ということに気が回らずに、危険にさらされています。❷ 行政もネット上の危険性をもっと指導する仕組みをつくっていく必要性があり、特に子供や高齢者にもわかりやすい説明が必要になります。そういった指導ができるよう、私ももっと知識を備えていきたいです。

ココが GOOD!

❶❷ 問題解決をしていこうとする意欲がうかがえる

　自分の関心のあることを公務員の役割につなげて考えていることが伝わり、公務員に対する意欲が見えてくる。また、自分自身ももっと勉強していこうとする積極性も感じられる。

こんな質問に
備えよう！

具体的には、どのような対策が必要になると思いますか？

　立派な回答でなくてもいいので、問題点とそれをどうすれば解決できるのか、ということをつじつまが合うように説明する。たとえば、「学校で携帯電話使用方法の授業を行うようにし、便利な半面の危険性を徹底的に指導していく」など。

趣味・特技欄の記入例

好きな音楽について書いた例

> **趣味**　ギターを弾くことです。中学時代に兄から習って始めました。❶
> 気分転換したいときなどに、部屋で弾いています。あくまで趣味のレ
> ベルですが、自分で作曲した曲を弾くこともあります。

スポーツ観戦について書いた例

> **趣味**　夏の甲子園大会や、正月の箱根駅伝の観戦です。❷ どちらも毎
> 年観ています。特に高校野球で❸ ミスをした選手を周囲が励まし、
> 試合後に敵味方関係なく健闘を讃え合うシーンには感動します。

ココがGOOD!

❶❷ どのように好きなのか具体的になっている

「気分転換したいとき」「毎年欠かさず」など、その趣味にどのくらい親しんでいるかが明確にされている。記入欄にスペースがある場合は、もっと具体的に（「2年に1度は甲子園へ足を運ぶ」など）示してもよい。

❸ 前向きで健全な人柄が伝わる

さわやかなシーンを観て感動したいという思いが伝わり、前向きで健全な人柄が伝わる。たとえ本当に好きなことでも後ろ向きな印象を与えかねない意見や、ゲーム、アニメ、フィギュアなど、偏見を持たれがちなジャンルに触れるのは避けること。

こんな質問に
備えよう！

ギター以外の趣味は何ですか？

ほかの趣味を問うのは、より広く受験生の人物像を知りたいためなので、面接カードに書いた趣味とはジャンルの違う趣味についても伝えること。たとえば、「ほかの趣味としては読書とジョギングがあります。読書は人物評伝ものが中心です。ジョギングは、運動不足解消のために続けてきました」などと答えよう。

部活動について書いた例

特技 　剣道です。❶ 中学、高校時代に剣道部に所属していて、大学では同好会に所属していました。高校時代には三段をとり、個人戦で全国大会出場を目指していました。

スポーツについて書いた例（社会人の場合）

特技 　長距離走です。❷ 一昨年、昨年と湘南国際マラソンに出場しました。昨年のタイムは3時間35分で、フルマラソン初挑戦だった一昨年よりはタイムを縮めることができました。

ココがGOOD！

❶ **始めた時期や期間から実力や経験値を推察できる**

「中学」と始めた時期を示し、また、三段を取得したと書いているためどの程度の実力や経験値があるのかイメージしやすい。これを単に「特技は剣道です」とだけ記したのではもったいない。話のきっかけになるような情報を少しでも入れておこう。ただし、スペースがなければ無理に細々と書く必要はない。

❷ **最近の体験を書くことで今の実力がわかる**

最近の体験を書けば、どの程度の実力を持っているかがわかる。この例では、2年連続でフルマラソンを完走したことを具体的に述べているので、体力があることも伝わりやすい。特に優れた記録を持っていなくてもOK。

こんな質問に備えよう！

全国大会出場を目指していたということですが、結果は？

「地方大会の準々決勝で、準優勝した選手に負けました」などと、飾らずに答えればよい。入賞経験がなかったとしても、取り繕う必要はない。さらに「大学はなぜ同好会にしたのか？」「もっと上の段位を目指さなかったのか？」などと聞かれる場合もあるが、素直に事実を伝えればよい。

面接カードチェックリスト

● 面接カードが読みやすくなっているかチェックしましょう！

面接カードを仕上げるための15の項目

- [ ] 誤字・脱字がないか？
- [ ] 一文は長くても50文字以内になっているか？
- [ ] 長文の場合、一文一意になっているか？
- [ ] 字が汚くても、とにかく丁寧に書いているか？
- [ ] 字が小さすぎたり、大きすぎたりしていないか？
- [ ] 記入欄に適度な余白があるか？
- [ ] 記入欄の枠を越えていないか？
- [ ] 「です」「ます」調で統一しているか？
- [ ] 具体例をフル活用しているか？
- [ ] 結論部分にアンダーラインを引くなど、わかりやすくしているか？
- [ ] 「〜です」「〜しました」など、語尾が単調にならないようにしているか？
- [ ] 誰かに一度読んでもらって意見をもらったか？
- [ ] マイナス思考なことは書いていないか？
- [ ] ウソは書いていないか？
- [ ] コピー（複写）しているか？

※ すべての項目をチェックできるまできちんと整えましょう。

面接当日に記入する場合も、以上の15のチェック項目を思い出し、提出する前にチェック。面接官が読みやすい面接カードに整えることを念頭に置いて、あせらず丁寧に記入しましょう。

Chapter 9

自己分析質問集・
よく出る過去質問集

自己分析に役立つ質問や、過去に公務員面接で実際に出された質問をまとめた、便利な質問集となっています。面接練習に役立つので、自己分析をして、自己PRや志望動機などがまとまったらそれぞれの質問に答えてみましょう。

自己分析質問集

ここでは自己分析に役立つ質問集を掲載しています。面接質問に対する回答づくりに困ったら、これらの質問に答えることで自分の意見やエピソードを掘り下げましょう。

性格・特技に関する質問

① あなたが今、夢中になっていることは何ですか？

② それに夢中になっている理由は何ですか？

③ そこから得たものは何ですか？

④ 具体的なエピソードを書き出してください

⑤ 「それだけはやめてくれ」と言われても、やめられないことは何ですか？

⑥ それをやめられない理由は何ですか？

⑦ あなたの座右の銘は何ですか？

⑧ その座右の銘を聞くと、どんな気持ちになりますか？

⑨ あなたが真似をしたい人は誰ですか？

⑩ どうしてその人のことを真似したいのですか？

⑪ 何か資格を持っていますか？

⑫ なぜ、その資格を取ろうと思ったのですか？

⑬ その資格からアピールできることは何ですか？

⑭ これだけはほかの人に負けない、ということは何ですか？

⑮ 具体的なエピソードは何かありますか？

⑯ コンプレックスはありますか？

⑰ それを克服するためにどんな努力をしていますか？

⑱ これをやらなければ死ねない、ということはありますか？

⑲ それは、なぜですか？

⑳ 何をすれば、それが実現できると思いますか？

自分史に関する質問

㉑ 人生で一番大きな失敗をしたことは何ですか？

㉒ なぜ失敗したのか、理由を書き出してください

㉓ あなたはどのようにその失敗を乗り越えましたか？

㉔ あなたは何をその失敗から学びましたか？

㉕ あなたが通う学校は、どんな学校ですか？

㉖ なぜその学校に入学しようと思ったのですか？

㉗ 学校生活で一番つらかったことは何ですか？

㉘ それに対してどのように対処しましたか？

㉙ 何をそこから学びましたか？

㉚ 何のサークルや部活動に所属していますか？

㉛ なぜ所属しようと思ったのですか？

㉜ サークルや部活動で一番大変だった経験は何ですか？

㉝ それを乗り越えるためにどんな取り組みをしましたか？

㉞ そこから学んだことは何ですか？

㉟ アルバイトの経験はありますか？

㊱ どんなアルバイトですか？

㊲ なぜそのアルバイトをしようと思ったのですか？

㊳ アルバイトで一番苦労したことは何ですか？

㊴ それを乗り越えるために何をしましたか？

㊵ その経験から何を学びましたか？

㊶ あなたはボランティアの経験がありますか？

㊷ どんなボランティアですか？

㊸ そこで一番大変だったことは何ですか？

㊹ それを乗り越えるために工夫したことは何ですか？

㊺ その経験から学んだことは何ですか？

志望先に関する質問

㊻ 民間企業ではなく、公務員を選ぶ理由は？

㊼ 自分のどこが公務員に向いていると思いますか？

㊽ なぜ国家公務員を選ぶのですか？

㊾ なぜ地方公務員を選ぶのですか?

㊿ なぜ公務員のその職種を志望するのですか？

(51) あなたの性格のどこがその職種に向いていますか？

(52) その職種を志望するようになったきっかけは何ですか？

(53) 公務員になってやりたいことは何ですか？

(54) 公務員のどのようなところがかっこよく見えましたか？

(55)「自分もこうなりたい」と思えるような公務員はいますか？

(56) 仕事をするうえでのあなたの夢は何ですか？

(57) あなたのやりたいことを一言で表すと何ですか？

(58) あなたを採用することで得られるメリットは何ですか？

(59) 希望先で働いている人に話を聞きに行きましたか?

(60) そのとき、その人と一緒に働きたいと思いましたか?

よく出る過去質問集

過去に質問されることの多かった面接質問をまとめています。これらの面接質問に答える練習を重ね、本番に備えましょう。回答づくりに困ったら、本書Chapter3を参考にするか、P.186の自己分析質問集を活用しましょう。

❶ 1分間で自己PRをしてください

❷ あなたの長所を教えてください

❸ あなたの短所を教えてください

❹ 自分にキャッチコピーをつけてみてください

❺ 友だちからはどんな人と言われますか？

❻ あなたの出身校はどんな学校か教えてください

❼ 得意教科と苦手教科を教えてください

❽ あなたの趣味を教えてください

❾ あなたの特技を教えてください

❿ どんな部活動（サークル）に所属していますか？

⓫ 部活動（サークル）で苦労したことは何ですか?

⓬ 休日は何をして過ごしていますか？

⑬ あなたの志望動機を教えてください

⑭ なぜ当市（当県）を受けたのですか？

⑮ 当市（当県）の取り組みで関心のあることは何ですか？

⑯ 当市（当県）をPRしてください

⑰ 併願状況を教えてください

⑱ 全部合格した場合、どこに行きたいですか？

⑲ 入ってからどんな仕事がしたいですか？

⑳ もし希望の仕事に就けなかった場合どうしますか？

㉑ 今朝の起床時間は？

㉒ いつもは何時に起きますか？

㉓ 今日は目覚めがよかったですか？

㉔ どのようにここまで来ましたか？

㉕ 控室ではどのようなことを考えていましたか？

㉖ 集団討論をやってみて、自信がありますか？

㉗ 今までで一番困難だったことは何ですか？

㉘ 今までで一番がんばったことは何ですか？

㉙ ボランティア活動の経験はありますか？

㉚ 最近で特に印象に残っていることは何ですか？

㉛ 公務員の魅力は何ですか？

㉜ ゴミを減らすいい案はありますか？

㉝ 少子高齢化について、あなたの意見を教えてください

㉞ 地方分権について、あなたの意見を教えてください

㉟ 環境問題について、あなたの意見を教えてください

㊱ 10年後のあなたはどうなっていると思いますか？

㊲ 当市（当県）の将来をどうしていきたいですか？

㊳ 公務員を目指していることを両親はどう言っていますか？

㊴ 普段両親とどのような話をしますか？

㊵ 両親と意見が合わないときはどうしていますか？

㊶ 親友の人数を教えてください

㊷ 親友はどんな人たちですか？

㊸ 対人関係で気をつけていることはありますか?

㊹ あなたは友だちの間ではどんな立場ですか？

㊺ 最近読んだ本とその感想を教えてください

㊻ 仕事をしていくうえで同僚と意見が合わないときはどうしますか？

㊼ 話をするのは好きですか？

㊽ イライラするのはどんなときですか?

㊾ どうやってストレスを発散していますか?

㊿ 悩みごとがあったとき、どう対処しますか?

(51) なぜ転職しようと思ったのですか?

(52) 今までで一番夢中になったことは何ですか？

(53) 今日の朝刊で気になった記事は何ですか？

(54) 最近のニュースで興味のあるものを3つ挙げてください

(55) 当市（当県）の人口と面積を知っていますか？

(56) 当市（当県）の失業率を知っていますか？

(57) 当市（当県）のいいところを3つ挙げてください

(58) 当市（当県）の悪いところを3つ挙げてください

(59) どんな課があるか言ってみてください

(60) 公務員の不祥事について、あなたの考えを教えてください

(61) 公務員と民間の違いは何ですか？

(62) 年齢の離れた先輩とうまくやっていく自信がありますか？

(63) リーダーシップについて、あなたの意見を教えてください

(64) あなたはリーダータイプですか？　リーダーを支えるタイプですか？

(65) 友人と約束があるのに突然の残業が入ったらどうしますか？

(66) 仕事が忙しく休みがとりにくい場合どうしますか?

(67) 健康管理で気をつけていることはありますか？

(68) これだけは負けない、ということはありますか？

(69) 最後に何かつけ加えたいことはありますか?

(70) 最後に何か質問はありますか?

みなさん、こんにちは。公務員予備校「シグマライセンススクール浜松」（以下、シグマ）の鈴木俊士です。

2014年につちや書店さんから出版された『公務員採用試験面接試験攻略法』も、早いもので2度目の改訂版が出ることになりました。公務員受験生のみなさんに、この本を愛していただいてとてもうれしく思います。

わたしが地元・静岡県浜松市にシグマを構えて早いもので25年が経ちました。25年といえば四半世紀です。その間に面接試験もずいぶん様変わりしてきました。最近は、人物重視を掲げる自治体が増えて、教養試験よりも面接試験の配点のほうがかなり高い自治体すらでてきました。1次（教養試験）に合格しなければ、2次の面接試験に駒を進めることができないのはもちろんですが、1次に合格したからといって気を抜くことはできません。

シグマは開校以来の25年間で、2次の面接試験の合格率は9割以上を確保しています。しかも約1割生徒が落ちてしまう原因は健康診断なのです。つまり、ほとんどすべての受験生が面接試験に合格していることになります。なぜこれほど受かるのかと言えば、型にはまった指導をしていないからだと思います。

あたり前のことですが、人前で話すのが上手い人もいれば、そうでない人もいます。長所と短所は表裏一体です。たとえば、人前で話すのが上手い人は、明るく、積極的という長所がある反面、おっちょこちょいなところが短所かもしれません。また、人前で話すのが苦手な人は、慎重で思慮深いという長所がある反面、消極的で優柔不断な短所があるかもしれません。でも、だからダメということではないのです。「みんな違ってみんないい」わけです。

今年の生徒の中に、人前で話すのが苦手な生徒がいました。つっかえたり、口ごもったりで、お世辞にも上手とは言えません。何度も練習していましたが、本番の面接直前になっても、たどたどしい話しぶりは変わりませんでした。しかし、面接官をしていると、けっしてアナウンサーのような流ちょうな話し方ではないけれど、彼の真面目さ、誠実さ、そして、この仕事に就きたいという熱い志が十分すぎるほど伝わってきました。きっと合格するな、と思ったとおり、彼は第一志望に内定をもらうことができました。

人前で話すのが苦手だと、不安に思っている人がいたとしたら気にしないでください。少々乱暴な言い方かもしれませんが、話し方が上手とか下手とか、そんなことは些細なことなのです。

まず自分に自信を持つことです。そこからすべてがはじまります。みなさんがこの本を存分に活用して、希望の公務員になることを心より願っております。

JR浜松駅前にある小さな公務員予備校『シグマライセンススクール浜松』

校長　鈴木俊士

■ 監修

鈴木 俊士（スズキ シュンジ）

シグマ・ライセンス・スクール浜松校長。
大学を卒業後、西武百貨店に就職。その後は地元浜松にて公務員受験専門の
予備校「シグマ・ライセンス・スクール浜松」を開校。定員20名の少人数制予
備校であるにもかかわらず、25年間で延べ2300人以上を合格に導く。築き上
げたノウハウと実績を基にオーディオブックも手掛けており、日本全国の公務員を
目指す受験生のために精力的な活動を続けている。主な著書に『面接指導のカ
リスマが教える！ 消防官採用試験 面接試験攻略法』『面接指導のカリスマが
教える！ 自衛官採用試験 面接試験攻略法』『マンガでわかる警察官になるため
の専門常識』（いずれも監修、つちや書店）、『9割受かる鈴木俊士の公務員試
験「面接」の完全攻略法』『9割受かる！ 公務員試験「作文・小論文」の勉強
法』（KADOKAWA）等がある。

＜シグマ・ライセンス・スクール浜松HP＞
http://www.sigma-hamamatsu.com/

■ STAFF

本文デザイン	スタジオダンク
イラスト	秋葉あきこ
編集協力	スタジオポルト
	編集室アルパカ

2300人以上を合格に導いた面接指導のカリスマが教える！

公務員採用試験 面接試験攻略法 改訂版

監 修	鈴木 俊士
発行者	佐藤 秀
発行所	株式会社 つちや書店
	〒113-0023
	東京都文京区向丘1-8-13
	TEL 03-3816-2071
	FAX 03-3816-2072
	E-mail info@tsuchiyashoten.co.jp
印刷・製本	日経印刷株式会社

© Tsuchiyashoten, 2021 Printed in Japan　　　http://tsuchiyashoten.co.jp